SEO
搜索引擎优化

技巧、策略与实战案例

陈媛先　著

人民邮电出版社

北京

图书在版编目（CIP）数据

SEO搜索引擎优化：技巧、策略与实战案例 / 陈媛
先著. -- 北京：人民邮电出版社，2018.6
ISBN 978-7-115-48284-6

Ⅰ. ①S… Ⅱ. ①陈… Ⅲ. ①网络营销 Ⅳ.
①F713.365.2

中国版本图书馆CIP数据核字(2018)第078429号

内 容 提 要

　　本书从最基本的SEO理论进行系统讲解，配以丰富案例，对网站搭建SEO框架、每个频道的SEO设置、每类网站的SEO技巧等方面进行深入浅出的阐述。同时，本书还系统地讲述SEO团队管理、SEO项目管理、SEO软件系统等相关知识，对SEO工作提供全面指导。

　　本书注重理论知识和实战经验相结合，实用性强，既有微观操作指导性，又有宏观决策意义，适合SEO专业人员、网站运营人员、市场人员、管理人员、创业公司决策人员、自主创业人员、计划从事互联网行业的在校大学生等学习使用。

◆ 著　　　　　陈媛先
　　责任编辑　　恭竟平
　　责任印制　　周昇亮

◆ 人民邮电出版社出版发行　　北京市丰台区成寿寺路 11 号
　　邮编　100164　　电子邮件　315@ptpress.com.cn
　　网址　http://www.ptpress.com.cn
　　北京天宇星印刷厂印刷

◆ 开本：700×1000　1/16
　　印张：13.5　　　　　　　　2018 年 6 月第 1 版
　　字数：219 千字　　　　　　2025 年 7 月北京第 20 次印刷

定价：49.80 元

读者服务热线：(010)81055296　印装质量热线：(010)81055316
反盗版热线：(010)81055315

序

陈媛先是原盛大创新院的 SEO 专家，十多年来一直在搜索引擎、内容、金融等领域的一线互联网公司工作，完整见证了中国互联网通过搜索引擎获取流量的技术与模式的变迁，具有丰富的 SEO 实战经验。同时，作者又拥有完整的产品设计经验和管理经验，对于如何在产品设计之初就为运营阶段的流量获取与推广做准备，具有深刻的领悟。

SEO 是一个兼具技术和艺术的领域，作者将十余年的 SEO 领域研究与实操心得付梓成文，即是对自己的一个沉淀，也是对国内 SEO 行业的一个补充。此书与市面上书籍的一大区别是，本书将理论与实战相结合，方法与案例相呼应。文中的案例多为作者亲身参与、咨询与操作的项目记录，充分还原了当时的场景。搜索引擎优化与搜索引擎本身是一个相互博弈的过程，对于搜索引擎的工作机制和排名规则，从外部来看就是一个黑盒。作者借助论文、公开资料、对照验证等方法进行了大量的逆向推导，总结了很多行之有效的方法和工具。

我是抱着学习的心态详读了本书，因为我曾参股一家出口电商公司，在如何低价获取流量上也曾破费周章。实际深入了解 SEO 后，发现有太多的知识点和细节需要掌握；同时具备理论基础之后，如何落实到产品的改进也是一大痛点。此外，在阅读本书的过程中，我也解开了一个困惑：在移动互联网时代，用户大量时间沉浸在 APP 中，SEO 的价值该如何更好的发挥？在阅读本书后我颇受启发。

作为一名出色的团队管理者，作者还针对 SEO 团队的特质进行了很多思考，包括如何培养和考核团队，如何与其他部门有效合作，如何规划自己后续职业路线等，针对这些问题作者都给出了极具建设性的建议。

搜索引擎本身在不断进化，用户所使用的网站与应用的形式也在不断演进，如何更有效地把企业的产品和服务以最低的成本呈现在用户面前，亦需与时俱进地不断尝试、总结和发展。作者在本书中给出了这方面的思考方式并指引了方向。

作者在盛大创新院工作期间，除了负责搜索创新院的平台类项目外，还一直指导盛大集团的文学、视频、平台与移动产品公司的 SEO 工作，取得了出色的成果，促进了业务的发展。我深表感谢，也期待后续有更多的合作机会。

郭忠祥

原盛大创新院 常务副院长

WiFi 万能钥匙 CEO 办公室主任

前言

SEO 是一种利用搜索引擎的搜索规则来提高目前网站在有关搜索引擎内的自然排名的方式。

但是，搜索引擎规律的变化是非常快速的，这种变化基于互联网的飞速发展，比如微博的发展。微博不同于传统的网页，即时性和网页架构方面都有独特的地方和要求，为了对微博数据进行充分展示，搜索引擎需要在抓取和排名规律里面增加新的考虑因素；再比如视频网页，其评分机制等也会对搜索引擎提出更多的科学排名要求。

所以，尽管在很多客户面前，笔者能够提供满足需求的解决文案，但在内心深处，处理每一个 SEO 案例时还是如履薄冰，担心其中有的建议可能会对客户的网站造成伤害，始终抱着更多调研、更多分析的工作态度，在提供任何一个 SEO 建议前，能通过更多抽样的数据进行支撑，减少 SEO 方案的偏差。

本书是笔者对多年工作经验和感悟的总结，希望对 SEO 同行和致力于搜索引擎营销推广的企业有一些帮助。在本书的 SEO 系统设计方面，笔者参考了之前参与设计的 SEO 系统的素材和思想，在获得产品所在公司授权的基础上，分享给大家，希望大家能通过 SEO 系统的搭建方式更系统地思考 SEO 的工作方式和思路。

在开始本书的阅读之前，或许你已经具备一定的 SEO 知识，甚至已经有过 SEO 的实际操作经验，那么，通过本书，希望你能获得更多思路上的启发。

因为搜索引擎在不断变化，本书涉及的所有网站仅为样例，以作说明，且搜索引擎的算法在不断优化，本书所讲述的 SEO 的思路和技术方案可能会随着时间的推移，某些技术逐渐不再可行，请各位读者谅解。另外，每个搜索引擎都有独特的优化思路，针对搜索引擎做优化，需要针对性的研究，本书希望能通过对常用搜索引擎的优化讲解给初、中级的 SEO 人员提供帮助，但是，落实在某个特定的搜索引擎上，内容可能会有所欠缺，这种欠缺完全有可能来自笔者本身在某特定搜索引擎上的经验缺陷，某些优化方案如和您的实际经验有冲突，请海涵。

本书在后面案例和 SEO 系统章节部分，使用了大量图片资料，很多相关资料均是当年盛大创新院搜索主题院的集体成果，在此的使用已获得授权。在此，对盛大集团以及搜索主题院的前同事们深深致谢。

那么，就让我们从这里开始 SEO 旅程吧！

Contents ／ 目录

第 3 章 不同类型网站的 SEO 策略

第 1 章
从零开始学 SEO

　　技术和技巧上的精深需要理论的支撑，在 SEO 行业中也不例外。本章将详细介绍 SEO 相关基础理论知识，为后面章节的实际应用打好基础。

　　本章需要读者关注的重点知识如下。

- 关键词的含义，以及基于关键词进行优化的锚文本方法。
- 网页被搜索引擎收录的原理，以及基本的查询收录方法。
- 网站流量的量化指标IP和PV。
- 网站综合评价PR指数的解读和优化。
- 网站综合排名Alexa的解读和优化。

1.1　SEO 的价值和意义

1.1.1　SEO 的基本概念

SEO（Search Engine Optimization）即搜索引擎优化，针对搜索引擎（主要的中文搜索引擎包括百度、谷歌、雅虎、搜狗等），通过分析它们对网站网页的抓取、收录规律，运用技术，提升自己网站在搜索引擎的收录速度；通过分析搜索引擎对关键词的排名规律，优化自己的网页，同时优化外部工作，比如外链建设等，提升自己网站关键词在整体网站的排名。SEO 的基本目标即增加网页收录、提高关键词排名，目的是吸引来更多流量，从而实现网站的商业目的。

SEO 工作的一些基本关键概念描述如下。

1. 关键词

关键词也叫关键字，英文是 Keywords。比如我们在百度查找一个商品 iPhone 8，在百度输入框中输入 iPhone 8，然后单击"搜索"按钮即可出现 iPhone 8 相关信息，这里的 iPhone 8 就是关键词。

2. 收录

收录即页面被搜索引擎收入检索库中，可以被人们通过词汇检索的办法搜索出来。比如网站有个页面是关于北汽 EV200 内容的，我们在百度搜索北汽 EV200 这个关键词，可以在搜索结果页中看到该网页，那就证明该网页被收录了。如果搜索结果页中看不到该网页，可能没有被收录，也可能是收录了，但是该网页的优化做得不好，所以排名很靠后。因为百度针对每个搜索词汇只提供排名前 760 个结果，如果关于北汽 EV200 内容的网页排名在 760 名以后，就看不到了。有一个最简单的办法，就是打开该网页，然后在网页的地址栏上，将网页的网址复制一份，然后到百度里面查询该网址，如果当前页面已经被收录，则会搜索到该网页；如果当前页面没有被收录，那么就搜索不到该网页。

3. 流量

流量是与客户访问网站的次数相关的数据，比如 IP、PV 都是流量的指标。

IP 对应互联网上的一个特定的地址，比如 112.213.101.10 就是一个 IP 地址。在网站统计数据中，一个 IP 地址代表一个访问来源。比如在网站的统计数据中，有 112.213.101.10 这个数据，就意味着有访客的 IP 地址是 112.213.101.10，他通过网页访问我们网站后，我们记录了此访问来源，他的访问就形成一个 IP 统计数据。PV（Page Vrew）是网页的浏览数据。比如来自 112.213.101.10 的客户访问了一个网站页面，那么就形成了一个 PV；如果访问了两个页面，就形成两个 PV，依次类推。通过统计访客的 IP 数据和 PV 数据，我们就可以对网站的流量进行评价，比如某网站的流量多还是少、流量集中分布在哪些地区等。

1.1.2　为何需要 SEO

假设你有一个销售化妆品的电商网站，你希望人们通过搜索引擎（百度、搜狗、搜搜等网站）查找到你的网站，进而到你的网站购买化妆品，此时你就需要对网站做 SEO。比如你的网站的化妆品种类有防晒类、保湿类、抗皱类等。针对防晒类产品，你希望人们在搜索防晒化妆品、防晒霜、防晒乳等词汇时能搜索到你的网站，那么，防晒化妆品、防晒霜、防晒乳等词汇就是你的目标关键词。通过对网站关键词的优化（SEO 工作），如果在百度中搜索防晒霜，你的网站出现在搜索结果页的前面，那就说明你的 SEO 工作已初见成效。

SEO 是带来客户的重要渠道。从这个意义上来说，SEO 是通过技术的方法来实现营销的目的。SEO 的好处很多，首先是排名稳定。通过 SEO 的方法优化的关键词排名一般比较稳定，除非网站进行大量修改或者竞争对手异军突起，否则一般可以保持排名的时间比较长，相对于花钱做广告，停止花钱可能排名就消失，好处不言而喻。其次，SEO 成本低。做过网络广告投放的人都知道，投放网络广告花费较高，比如在百度投放凤巢广告，一般一次点击至少花费 2 元，点击一次热门的词汇要花费 5 ～ 9 元，点击一次超级热门的广告花费几十元也不鲜见。因此，投放网络广告，花销不容易控制。当然，网络广告投放 SEM 是另外一门技术，我们暂且不讨论。相较而言，通过 SEO 的方法进行网络营销，确实是一个更便宜的办法，因为 SEO 只需要 SEO 人员和一些辅助落实的技术人员，没有额外的资金成本。另外，因为 SEO 本质需要通过关键词等方式来吸引精准的用户，所以，SEO 人员会从传播的角度对产品和网站进行深入思考，他们是真正懂产品和网站价值的人。

1.1.3 SEO 的经济价值

如果 SEO 做得好，其创造的经济价值是非常大的。我们来计算一下，比如一个大型门户网站日均 IP 是 50 万，这个数据对于大型门户来说已经非常保守了。假设当前通过 SEO 引过来的自然搜索流量占据 20%，即日均免费的搜索量大概是 10 万 IP（50×20%）。理想状态下，免费的自然流量占到 50% 也是常见的，通过 SEO 人员的努力，SEO 的日均免费流量提升到 20 万 IP，即增加了 10 万免费的流量。按照 SEM 投放的数据，均价 1.5 元一个 IP 已经是最低的竞价标准了，10 万 × 1.5 元 =15 万元，那么一个月就是 450 万元（15 万元 ×30）。这是一笔巨大的成本节省。即使维护了一个 5 人的 SEO 团队，月均 20 万元的人力支出，也是非常合算的。

可见，SEO 对于互联网引流是至关重要的一环，任何依赖流量生存的网站都必须重视 SEO 工作，对 SEO 进行更多的资源倾斜。

1.2 关　键　词

关键词可以粗略等同于网页的定位，通过关键词的设计，对网页进行定位，再传达定位信息给搜索引擎，吸引相关的搜索客户到达页面。

1.2.1 关键词的定义

关键词（Keywords）是 SEO 中最重要的一个词汇。关键词就是你希望能在搜索引擎的搜索结构中获得良好排名，给网站带来流量的同时能推广目标的词汇。比如，你的文章内容是对新款手机的介绍，则"手机"一词可能就是你的关键词。

关键词分为核心关键词和长尾关键词（Long-tail Keywords）。长尾关键词是相对于核心关键词的一个概念，是核心关键词的一个扩展。比如"手机"是核心关键词，那么"iPhone 6 plus 手机"就是一个长尾关键词。长尾关键词可以按照很多维度进行扩展，扩展的目的是捕获更多的流量。

对于某些词汇来说，可能说法完全不一样，但也是关键词的范畴。比如"国庆节"是关键词，那么"十一黄金周"在某些程度上可以认定为相关的语义关键词，这里的语义关键字实际是基于机器智能学习自动识别的关键词。在机器识别方面，有很多不同的规则，其中一个重要的规则是依据词汇之间经常同时出现的概率计算。

在关键词优化的时候，页面应该怎么部署关键词，关键词应该出现多少次？可以用关键词密度这个概念进行量化。业界对于关键词密度的公认数值为3%～8%，密度过低，排名不好，密度过高，有作弊之嫌，很容易被搜索引擎封杀。

那么，关键词密度是怎么定义的呢？

1.2.2　关键词密度

关键词密度是关键词在网页中所占比重的一种计量方式，对 SEO 的效果有重大影响。那么，关键词密度是怎么计算的呢？

例如，SEO 是一门技术。

那么 SEO 的密度是多少呢？如果是网站工具，在考虑分词的情况下，实际的关键词密度计算方法如下。

分词：SEO，是，一门，技术。共 4 个词。

SEO 出现 1 次，则密度 = 1/4 = 25%。

每个搜索引擎都有一套自己的分词方法，分词方法的优劣决定了搜索结果的精度。在分词的处理上，其普遍会建立一个词库，用来识别常见的词汇组合。比如"男人婆"是一个俗称，组合在一起的意思大家都很清楚，但是，搜索引擎是机器，不知道这个词的意思，很可能会将其切分成"男人"和"婆"两个字，这样，词汇原有的含义就丢失了。为了避免这种情况的发生，搜索引擎建立了一个专门的库，标识"男人婆"是一个专门的词汇，在遇到这个词的时候，不把它们切分开来。

建库是一个庞大的工作，一般通过机器学习的方式来完成。机器学习的基本原理是通过对海量网页进行分析，找到经常一起出现的词汇，把这些词汇提取出来，默认这些词是有专门意义的组合词，再通过逐步提取的方式，把基础库建立起来。

即使如此，再好的分词方法也有出错的可能，这时候就需要人工来标识辅助，逐步完善分词基本库的工作。几乎每个搜索引擎公司都有这种人工标识词库的人员，他们的工作就是不断地找出 Bad Case（SEO 专业术语，即坏案例），逐步优化词汇。

1.2.3　关键词的关键应用：锚文本

定义关键词以后，如何使用关键词是 SEO 最重要的工作。关键词的一个核心应用是锚文本（Anchor Text），锚文本为带链接的关键字，比如"百度"这个关键词设置超链接指向 www.baidu.com，我们认为"百度"这个词就是一个锚文本。

锚文本起到的作用可以通俗理解为告知。比如我们设置了一个关键词"洗面奶"，然后该关键词设置了链接指向 http://www.abc.com/ximiannai.html（此网址为例子，并不真实存在），我们就是在告诉搜索引擎，http://www.abc.com/ximiannai.html 这个链接对应的页面内容主要是和洗面奶相关的。如果在互联网中，很多地方都出现"洗面奶"这个词汇指向 http://www.abc.com/ximiannai.html，搜索引擎就会认为 http://www.abc.com/ximiannai.html 页面就是和洗面奶相关的，那么在搜索结果的排序上，如果客户搜索"洗面奶"，http://www.abc.com/ximiannai.html 这个页面就会获得更好的排名，即在排序算法中，具有锚文本支撑的关键词会获得更好的排名。

具有锚文本支撑的关键词获得更好的排名可以类比生活中的例子，比如很多人都认为张 ×× 是个热心人，那么张 ×× 获得"热心人"的印象就会更加深入。

从锚文本的设置上看，锚文本分为站内锚文本和站外锚文本。站内锚文本即一个网站内某一个页面内设置的锚文本，链接指向是同一个网站内的另一个页面。比如虚拟页面 http://www.abc.com/1.html 有个锚文本指向虚拟页面 http://www.abc.com/2.html，这就是一个站内锚文本，因为锚文本设置的页面和锚文本指向的页面都属于 http://www.abc.com 这个网站。站外锚文本即网站外某一个页面内设置的锚文本，链接指向本网站内某一个页面。比如虚拟页面 http://www.abc.com/1.html 有个锚文本指向虚拟页面 http://www.efg.com/2.html，这就是一个站外锚文本，因为锚文本设置的页面和锚文本指向的页面分别属于 http://www.abc.com 和 http://www.efg.com 两个网站。

1.2.4　关键词排名

关键词排名实际是关键词所在页面的排序，也就是人们搜索一个关键词的时候，SEO 所努力优化的网页在搜索结果中获得的排序。网页如果排在前面，获得点击的概率就会大大提升，反之，如果搜索结果排在后面，甚至没有排名，那么 SEO 工作就未见成效。努力让网页在搜索结果中获得更好的排名是 SEO 工作的重中之重。

考虑关键词对应页面的排名，主要针对几个大的搜索引擎，比如百度、谷歌、搜狗、360 等。

每个搜索引擎都有一套关于搜索结果排序的算法，这个算法对搜索引擎公司来说是核心竞争力，因此我们不可能拿到每个搜索引擎公司的排序算法结果。但是，从公开的结果中，我们可以获得一些参考的资料。谷歌曾经发布过它的一套排序算法，从实际来看，这套发布的算法可能已经有了很大的改动，但是，并不妨碍我们依据发布的算法来推测搜索引擎在排序的时候更看重什么。

1.2.5　谷歌网页排名算法

谷歌发布的网页排名算法公式如下。

谷歌得分 =（关键词得分 ×0.3）+（域名权重 ×0.25）+（外链得分 ×0.25）+（用户数据权重 ×0.1）+（内容质量得分 ×0.1）+（人工提分）-（人工 / 自动降分）。

下面是对该公式的详细分析。

关键词得分包括如下。

- 网页Title。
- Hx（H1～H6）。
- 文本内容。
- 外链中。
- 域名/网址。

域名权重包括如下。

- 注册历史。

- 域名年龄。
- 外链权重。
- 外链、给出链接相关度。
- 使用历史、链接形式。

外链得分包括如下。
- 链接时间。
- 链接余名权重。
- 锚文本。
- 链接数量和权重。
- 外链页面主题。

用户数据权重如下。
- 搜索引擎结果页面（SERPs）的点击率。
- 用户在网页上停留的时间。
- 域名或统一资源定位符（URL）搜索量。
- 访问量及其他谷歌可以监测到的数据，如工具条、谷歌分析（GA）等。

内容质量得分包括如下。
- 流行的内容/关键词人工加分。
- 谷歌投票人员。

从谷歌之前公开的公式来看，排名和几个重要的因素相关：关键词、外链、域名、用户、内容等，其中关键词、外链和内容是 SEO 的核心。网上盛传的 SEO 公式，具有一定的参考意义，该公式如下。

SEO = $\int$Clock = $\int$C1 + L2 + K3 + O4。

公式里面的参数解释如下。

（1）$\int$是一个积分符号，C = content（内容），L = link（链接），K = keywords（关键词），O = others（其他），Clock 表示时间，即 SEO 就是一个长期的对"时间"的积分过程，因此，SEO 不是一项急功近利的工作，希望能在 1 ～ 2 天就把一个关键词对应网页排到搜索引擎首页是不太可能的一件事情。

（2）C1：丰富的内容是第一位的要素，按照原创、伪原创、转载依次排列内容的重要性来满足用户体验，即不断增加网站的内容，提供更好的用户体验，是 SEO 成功至关重要的一环。

（3）L2：链接的合理与丰富是第二位的要素，即合理有效的内部链接与丰富的外部链接同等重要，而外部链接中高度相关、高 PR 值的页面尤为重要。

（4）K3：关键词因素是第三位的要素，包括合理的标题、描述、页面关键词及相关关键词的密度与合理布局。一般认为，2% ～ 8% 的密度较为合理。

（5）O4：其他因素，比如域名、站龄、服务器、网站架构、排版、邻居、URL、地图等。

这个公式将 SEO 概括性地阐述出来，把 SEO 需要注意到的要素都考虑进去了。根据这个公式，可以发现很多有价值的概念，有兴趣的朋友可以仔细品味。

1.2.6　百度网页排名算法

对于中文网站来说，在百度获得好的排名就是 SEO 工作成功的关键。百度的排序算法异常复杂，但是依据公开的文档，大致可以归类影响网页排序的几个重要因素。

1. 页面相关性

页面相关性即用户检索的词和网页内容的匹配程度，比如用户搜索"睡眠面膜"，那么排在前面的页面应该都是和睡眠面膜相关的页面，即搜索到的结果应该是和关键词密切相关的，越相关的页面，在排序方面越会获得更高的加分。如何评价一个页面是否和搜索词汇相关，从算法上来说，有几个重要的指标。

- 关键词密度，即当前该关键词在页面文字分词结果中的比例。
- 关键词是否出现在重要的位置，如果关键词出现在页面的标题、Meta（元素可提供相关页面的元信息）、H1～H6等位置，就认为越重要，越相关。
- 关键词是否获得外部和内部的投票，比如站内、站外锚文本支持等，获得的投票越多，就会越相关。

2. 权威性

主要含义如下。

- 权威性包括网站域名是否为政府专用的.gov类，网站的所属权是否为权威的公司或者部门。

- 是否普遍受欢迎，包括网站的点击率，即用户在所有搜索结果里面点击打开这个页面的比例；用户在网页的访问特性，比如网页访问时间、跳出时间等。正常来说，搜索引擎很难获取到网站的用户行为数据，但是，目前大部分的网站依赖搜索引擎的网站统计来做流量统计和用户行为分析，因此，搜索引擎以这些数据作为参考就很容易了。比如很多网站站长选择使用百度统计进行网站统计和分析，那么，百度通过借鉴百度统计的用户行为数据进行排序也不是一件很困难的事情了。

3. 时效性

网页内容如果与信息相关，那么内容的时效性也是一个排序的依据，因为从用户角度来说，也是希望看到最新鲜的内容。但是时效性和检索词的关系很大，不能全部套用。信息相关的网页一般包括如下。

- 新闻网站，各种门户网站的新闻网页，比如新浪新闻、搜狐新闻、网页新闻等。
- 即时信息互动网站，比如微博类网站。在搜索引擎显示微博结果的时候，总是优先展现最新的信息，甚至直接按照时间进行倒排序。

4. 准确性

页面内容是否能够满足用户检索的需求，甚至满足用户的延伸需求等。满足用户的检索需求即用户打开搜索结果页，里面的内容正是用户需要的。而延伸用户的检索需求，比如用户搜索"SPF15 防晒指数"，搜索结果页打开一看，是一个关于SPF15 防晒指数的介绍页面，那么页面就具有相关性。如果该页面还有一些很实用的内容，比如 SPF15 和 SPF30 的效果相差有多大，SPF 的指数是如何定义的，对于用户了解 SPF 来说，就非常有帮助，这类内容就属于满足用户的延伸需求的内容。

搜索引擎在对搜索结果进行排序的时候，会考虑以上重要的方面，但是整体来看，相关性是第一位的。因此，在对网站进行 SEO 优化时，一定不能脱离相关性这个基础。在实际网站运营中，很多门户网站会采用投机取巧的方法，利用热词来形成很多文章。比如家居类的网站，每天的新闻中会使用热词做标题，甚至以一些热点事件作为标题，但是文章的主题内容和热词没有任何关系。从短期来看，因为门户的权重比较大，这些文章的标题会吸引来大量关注热词或热点事件的访客，但是因为主题内容不相关，用户过来后会立刻离开，对用户和搜索引擎来说都是一种欺骗，这种行为注定不能持久，最终导致整个新闻或者信息频道，甚至是整个网站彻底被搜索引擎屏蔽。作为 SEO 人员，必须要意识到这种做法的风险性极高，避免自己做此类事情，也需要严格监督编辑人员不能做此类事情。

随着搜索算法的优化和互联网内容的丰富，以及网民的需求提升，为了能更加符合用户的搜索期望，搜索引擎目前逐渐把地域、业务领域、时效性等因素作为排名的参考依据，而不仅是参考网页的信息。

另外，地域因素在排序中逐渐加大了比例，即在对关键词排名的时候，会参考用户所在地的 IP 归属，尽量返回和用户目标一致的网页。比如一个用户在北京搜索"旅游"一词，会把"北京"这个地域当作参考因素，和关键词"旅游"放在一起作为参考，对网页进行过滤，因此，北京相关的旅游网页会获得更好的排名；如果在上海搜索"旅游"这个词汇，在返回的结果中，很多是上海相关的旅游网页，就不必奇怪了。

搜索引擎会通过机器学习等方法，对和地域有紧密联系的领域的词汇做专门管理，这类词汇如旅游、天气、交通、酒店、机票等。用户在搜索这些领域的词汇时，搜索引擎会把用户 IP 所在地域和关键词组合进行查询，返回更符合用户期望的信息。当然这里"地域"这个信息在组合条件中所在的权重，每个搜索引擎是不一样的，这也是不可公开的。在移动端搜索中，地理位置的信息可以通过 Meta 进行配置，通过定义省份、城市、经纬度的方式进行精准定位，关于移动端的精准定位可以参考本书移动搜索部分的内容。

时效性因素即用户查询某些领域的词汇时，返回最接近的网页数据。比如查询"奥斯卡"这个词汇，搜索引擎偏好显示最近的奥斯卡信息的网页。查询"奥运会"等信息，情况也是如此。

在判断时效性方面，可以基于不同的计算方法。比如通过获悉网页上的时间信息，或者通过分析前后页面的时间信息，来估算对应页面的时间信息。

个性化因素即用户查询词汇的时候，搜索引擎会依据用户的搜索习惯、喜好等，自动返回一些和客户喜好、习惯更相关的词汇。搜索引擎之所以能做到这一点，是因为每个客户在浏览网页的时候，会从客户端请求服务器，服务器会记录用户状态，并返回浏览器一小段文本信息，该小段文本信息就是 Cookie（储存在用户本地终端上的数据）信息。主流的浏览器比如 IE 和 Firefox 等都支持 Cookie

的机制，即用户访问哪些网站和网页信息，实际在本地都做了记录。搜索引擎在进行结果推荐的时候，会调用 Cookie 的数据进行参考，判断用户的偏好，在此基础上，返回和用户偏好最相关的搜索结果，从而展现给客户的是更多个性化的内容。举个例子，某个 SEO 人员特别关注自己网站的某个关键词排名，可能在谷歌里天天搜索同一个关键词，然后点击自己的网站。可能有一天，当他再搜索这个关键词的时候，搜索引擎自动把他的网页放到了第一位。但是，另外一个 SEO 人员在同一个地区，搜索同一个关键词，上述网页的排名没有显示在前 10 位中，这就是 Cookie 记录的偏好结果的影响。目前，个性化因素已经在搜索引擎和众多商业领域中使用，都是在努力满足用户的偏好需求。

其外，小说、游戏、影视、品牌等领域的搜索引擎都开始逐步设立偏好标准。比如搜索一本小说，会尽量返回小说网站的页面，而搜索一部电视剧，会尽量返回视频网站的页面，这样做的好处是能缩短大部分用户的查询距离，使用户尽快点击搜索结果页，提升用户体验。

从 SEO 人员的角度来说，可以深入研究这些变化带来的影响，利用这些偏好来做更多的 SEO 工作。

1.2.7　关键词设置

关键词优化得好不好，关系到 SEO 工作的成败，其中，在页面很好地部署关键词成为 SEO 的重中之重。关键词部署有几个小诀窍。

- 保证页面的关键词密度为0.5%～3%，即页面需要出现关键词多次，但是控制在一定的程度，不能给人造成关键词堆砌的印象。
- 在关键词的几个重要区域出现关键词，并且关键词出现的位置尽量靠前，这几个位如下。

（1）Title（标题）：关键字尽量靠前，在标题中尽量占据更大的比例。

（2）Keywords（关键词）：使用关键词和长尾关键词。

（3）Description（描述）：最好出现1～2次关键词和长尾关键词。

（4）页面导航：尽量出现关键词。

（5）H1～H6这些标题中巧妙融合关键词；网页正文里面第一次出现的关

键词，可以加粗。

此外，在锚文本设置方面，尽量使用关键词或者长尾关键词作为锚文本的文字，这样能帮助提高关键词的排名。

可以这样说，关键词的出现、位置、密度、在锚文本中的使用，在一定程度上能决定关键词排名。

1.2.8　关键词管理

正因为关键词的优化成功与否关系到网站 SEO 的成败，如何完整、高效地管理关键词成为很重要的 SEO 工作。关键词的管理包括关键词 +URL 的管理和关键词 + 排名的管理。

关键词 + URL 的管理即不断优化关键词列表。关键词列表主要管理两个内容：关键词本身和目标页面 URL。关键词和目标页面 URL 一一对应，为 SEO 的落地提供了切实可行的基础。URL 可以理解为网络上每个文件的路径，我们打开一个网站页面，在浏览器地址栏看到的一长串字母就是一个 URL，如 http://www.abc.com/1.html。

关键词 + URL 的管理设计如表 1-1 所示。

表1-1　关键词和URL的关联表

ID	关键词	目标URL
1	关键词1	关键词1对应的目标URL
2	关键词2	关键词2对应的目标URL
3	关键词3	关键词3对应的目标URL
4	关键词4	关键词4对应的目标URL

随着网站业务的变化，关键词需要不断调整，已经不再关注的关键词需要从表格中删除，新增加的关键词需要补充到表格中。关键词对应的页面 URL 已经发生了变化的，需要单独更新页面 URL。

关键词 + 排名的管理即定期更新关键词的排名信息，动态监控关键词的实际优化效果，为 SEO 工作的效果评估提供了切实的依据。

查看关键词的排名，最直接的办法就是在百度或者谷歌搜索这个词汇，然后手动翻阅查看并记录排名，如果目标页面排在搜索结果第一个，那么排名就是 1；如果目标结果排名第二个，那么排名结果就是 2；一般来说，针对单个搜索词，百度提供 760 个搜索结果，如果目标页面在这 760 个结果里面都没有找到，那么就可以认为是没有排名。手动查询 + 记录这个办法很耗体力，如果管理很多关键词，这是不现实的。

市场上帮助提供关键词排名查询的工具不少，只需要输入关键词，工具会自动帮助你查询在几个搜索引擎中的排名情况。这种工具的好处是能减少部分人力，但是，对于批量的关键词查询问题，还是没有解决。一些公司自己开展了批量查询的工作，但是经常被搜索引擎发现，被当作 Spam（搜索引擎垃圾技术）查询而被封 IP。

不管怎样，每一个关键词排名的变动，随时都牵动 SEO 的神经。因此，SEO 需要周期性地查看关键词的排名情况，以此来定位工作重点并检验 SEO 方案的效果。

在查看排名情况的时候，经常需要查看在每个搜索引擎的最好排名和名次数据，如表 1-2 所示。

表1-2　关键词排名记录表

ID	关键词	目标URL	百度名次	谷歌名次
1	关键词1	关键词1对应的目标URL	1，2，3，7，10	1
2	关键词2	关键词2对应的目标URL	1，3，6	5
3	关键词3	关键词3对应的目标URL	6	1，2，3
4	关键词4	关键词4对应的目标URL	7	8

通过这些排名数据，可以看到 SEO 的实际效果，如果和竞争对手进行详细比较，就可以知道自己的弱点在哪里了。

1.3　收　　录

收录是指网页被搜索引擎抓取到，然后放到搜索引擎的库里，等到人们搜索相关词汇的时候，可以在搜索结果页展示列表看到已经收录的页面及页面信息。我们所说的"网页被收录"即能在搜索结果页看到相关的页面。反之，"网页没有被收录"问题就复杂一些，因为在搜索结果页没有看到对应的页面，并不意味着网页就没在搜索引擎的库里，或者说就没有被收录，有可能是网页针对当前的搜索词汇排名不好，在 760 个记录之外，因此没有得到展示。

收录涉及网页被搜索引擎蜘蛛抓取，然后被编入搜索引擎的索引库，并在前端被用户搜索到这一系列的过程。对 SEO 人员或者希望对自己网站进行优化的非专业 SEO 人员来说，了解页面是如何被搜索引擎收录的，了解搜索引擎的收录原理，都是极有好处的，能帮助你在进行网站 SEO 的时候尽量遵循收录的规律，提高网站被收录的比例。

1.3.1　搜索引擎蜘蛛的工作原理

收录的第一个环节就是抓取。抓取的过程是搜索引擎应用程序去抓取网站的网页，这里负责搜索引擎抓取网页职能的程序俗称蜘蛛（Spider），蜘蛛是一个形象的说法，因为互联网就是一张巨大的蜘蛛网，搜索引擎的程序通过网络不断地进行爬行和探索。每个互联网公司都有自己的抓取蜘蛛，比如百度蜘蛛（Baiduspider）、谷歌蜘蛛、搜狗蜘蛛等。对于百度来说，常见的蜘蛛如表 1-3 所示。

表1-3　常见蜘蛛

产品名称	对应user-agent
● 无线搜索	Baiduspider
● 图片搜索	Baiduspider-image
● 视频搜索	Baiduspider-video
● 新闻搜索	Baiduspider-news
● 百度搜藏	Baiduspider-favo
● 百度联盟	Baiduspider-cpro
● 商务搜索	Baiduspider-ads
● 网页以及其他搜索	Baiduspider

蜘蛛通过网站提交的 Sitemap（网页地图）或者在互联网其他地方留下的页面 URL 信息，爬行到网站对应页面，然后沿着网站页面其他链接一层层往下爬行，发现更多的页面。

蜘蛛抓取网页是收录页面工作的上游，通过蜘蛛对网页的抓取，发现更多页面，同时知道哪些页面已经有了更新，从而实现对互联网页面的抓取和持续更新。

关于蜘蛛抓取系统的工作原理，可以参考百度蜘蛛抓取的说明。

简而言之，蜘蛛抓取系统包括链接存储系统、链接选取系统、DNS 解析服务系统、抓取调度系统、网页分析系统、链接提取系统、链接分析系统、网页存储系统。Baiduspider 通过这种系统的通力合作完成对互联网页面的抓取工作。

1.3.2　应对蜘蛛抓取基本策略

在蜘蛛实际抓取网页的过程中，因为网页内容的复杂性（文本、Flash、视频等）和技术实现的多样性（纯静态、动态加载等），为了更高效地利用蛛蛛资源，搜索引擎公司会置顶不同的抓取策略，作为 SEO 人员，可以参考搜索引擎公司对抓取策略的描述，采用最大化的 SEO 方法。

作为国内最大的搜索引擎公司，百度在它的官方文档中是如下这样描述抓取策略的。

互联网资源具有庞大的数量级，这就要求抓取系统尽可能高效地利用带宽，在有限的硬件和带宽资源下尽可能多地抓取到有价值的资源。这就造成了另一个问题，耗费被抓取网站的带宽造成访问压力，如果程度过大，将直接影响被抓取网站的正常用户访问行为。因此，在抓取过程中要进行一定的抓取压力控制，实现既不影响网站的正常用户访问，又能尽量多地抓取到有价值资源的目标。

通常情况下，采用的最基本的方法是基于 IP 的压力控制。这是因为如果基于域名，可能存在一个域名对多个 IP（很多大网站）或多个域名对应同一个 IP（小网站共享 IP）的问题。实际工作中，往往根据 IP 及域名的多种条件进行压力控制。同时，站长平台也推出了压力反馈工具，站长可以人工调配对自己网站的抓取压力，这时 Baiduspider 将优先按照站长的要求进行抓取压力控制。

对同一个站点的抓取速度控制一般分为两类：其一，一段时间内的抓取频率；其二，一段时间内的抓取流量。同一站点不同的时间抓取速度也会不同，例如，夜深人静的时候抓取的可能就会快一些。也视具体站点类型而定，主要思想是错开正常用户访问高峰，不断地调整。对于不同站点，也需要不同的抓取速度。

上面的描述很简洁，但是从这个描述里面，我们可以得到启发，蜘蛛抓取页面是有压力控制的，对于特别大型的网站来说，不可能指望蜘蛛爬行到一个网站后，会一次性抓取到所有的网站，因此，作为 SEO 人员来说，尽量减少蜘蛛的压力，对网站的网页收录是有好处的。一般来说，减轻蜘蛛压力有以下两种方法。

方法一：采用 Nofollow（反垃圾链接的标签）的策略，将蜘蛛引导到最有价值的页面。Nofollow 标签用来告诉蜘蛛，如果遇到带着此标签的页面或者链接，就不要继续追踪了，这样蜘蛛就可以爬行到其他更加有用的页面。

方法二：在 Sitemap 中定义不同页面的权重和更新频率，就是在网站的 Sitemap 文件中，定义好每个链接的权重和更新的频率，这样，蜘蛛在爬行到这些链接和页面的时候，会识别哪些页面比较重要，可以重点抓取，哪些页面更新比较频繁，需要蜘蛛分配更多的注意力。

1.3.3 应对蜘蛛页面抓取异常

搜索引擎在抓取网页的时候，可能会遇到各种情况，有的页面抓取成功，有的抓取失败。怎么显示一个页面的实际抓取结果呢？主要是通过返回码进行示意，代表抓取成功与否和遇到的问题。比如我们常见的，有时候打开一个页面，页面一片空白，上面只显示 404。这里的 404 就是一种返回码，代表当前抓取的页面已经失效，遇到显示 404 的页面，如果短期内搜索，蜘蛛再发现这个 URL，也不会对其进行抓取。

有时候，会返回 503，503 返回码代表网站临时无法访问，可能是网站服务器关闭或者其他临时措施造成的网页无法访问，一般来说，蜘蛛还会继续抓取几次。如果网站恢复正常，URL 仍然被当作正常 URL 处理，如果服务器一直处于不可访问状态，那么搜索引擎就会将这些 URL 彻底从库中删除，这就要求我们必须维护网站的稳定性，尽量避免临时关闭的情况发生。返回码 403 是禁止访问状态，一般来说，如同 503 一样，如被多次访问仍处于禁止访问状态，就会被搜索引擎从库里面删除。

在返回码中，有一类需要格外注意，就是 301。301 代表永久性移除，当前 URL 被永久性重定向到另外的 URL。一般来说，因为改版等原因，部分 URL 需要永久被替换为新的 URL，就必须使用返回码 301 进行处理，这样能把权重等一并带过去，避免网站的流量损失。

返回码 301 的优化写法如下。

（1）创建一个 htaccess.txt 文件。

（2）在 htaccess.txt 里写好返回码 301 的跳转信息。

假设旧的 URL 为 abc.com，需要重定向到 www.abc.com，需在文件里写如下信息。

RewriteEngine on

RewriteCond %{http_host} ^abc.com [NC]

RewriteRule ^(.*)$ http://www.abc.com/$1 [L，R=301]

（3）将 htaccess.txt 上传到 FTP，然后将 htaccess.txt 修改为 .htaccess。

需要提醒的是目前 htaccess 只适用于 Linux 系统，并需要虚拟主机支持，因此，在考虑 .htaccess 文件处理返回码 301 的时候，需要查看虚拟主机是否完全支持。

实际上，在重定向的处理上存在多种方式，简单来说，重定向可以分为 http 30x 重定向、meta refresh 重定向和 js 重定向。另外，大的搜索引擎公司，比如谷歌和百度都确认支持 Canonical 标签，可以通过制定一个权威页面的方式，引导蜘蛛只索引一个权威页面，从实际效果上来说，也是一种间接的重定向。在实际抓取过程中，蜘蛛会对各种重定向效果进行识别。

重定向的方法有多种，但是从 SEO 角度来说，如果是永久跳转的页面，尽量采用返回码 301 的跳转方式。另外，从时间结果来看，百度对 Canonical 的支持并不如谷歌好，采用 Canonical 未必能得到如期效果。有些网站通过不同的路径进入同一页面，可能会出现多个 URL 的情况，当面对这种情况时，可能需要一些处理技巧，关于 Canonical 的使用技术可参见本书关于 Canonical 的专门讲解。

外链等因素对搜索的排名是有影响的，那么在抓取环节是否也有影响呢？百度在它的抓取政策上有优先级的说明，即执行包括"深度优先遍历策略、宽度优先遍历策略、PR 优先策略、反链策略、社会化分享指导策略等"。同时，这也说明每个策略各有优劣，在实际情况中往往是多种策略结合使用才能达到最优的抓取效果。从这段官方说明里面可以看到 PR 优先策略、反链策略、社会化分享等字眼，我们可以认为，百度在实际抓取的时候，其实都考虑了这些因素，只是权重可能有所不同，因此，尽量提高网页 PR，增加更高质量的外链，进行高质量的社会化分享，对网站的 SEO 工作是有积极意义的。

另外，针对互联网存在的大量"盗版""采集"的网页情况，在抓取的过程中，蜘蛛会通过技术判断页面是否已经被抓取过，并对 URL 不同但是实际内容相同的页面的 URL 进行归一化处理，即视作一个 URL。也就是告诉 SEO 人员，不要通过大量创建页面的方式来获得更多的搜索资源，如果页面很多，但是每个页面的内容重复性很高，或者仅是 URL 中包含无效参数来实现多个页面，搜索引擎仍然把这些 URL 当作一个 URL 处理，即网站页面不是越多越好，通过功利的方式拼凑网页，大量部署长尾，但是页面质量堪忧，效果会适得其反。如果大量此类页面被搜索引擎判断为低质量页面，可能会影响到整站的 SEO 效果。

蜘蛛在抓取的过程实际是依据链接不断往下探索的过程，如果链接之间出现短路，蜘蛛就无法往前爬了。在真实的网站运营中，我们可以看到很多网页实际潜藏在网站后端，蜘蛛是无法抓取到的，比如没有预留入口链接，或者入口链接已经失效等，这些无法抓取到的内容和信息，对于蜘蛛来说就是一个个的孤岛，对 SEO 人员来说就是没有完全发挥内容的引流作用。同时，因为网络环境或者网站规范等原因也可能导致蜘蛛无法爬行。

如何解决信息无法被抓取到的问题？几个可行的办法如下。

- 采用搜索引擎平台提供的开发平台等数据上传通道，可以针对数据进行独立的提交。
- 采用Sitemap提交方式。大型网站或者结构比较特殊的网站，沉淀了大量的历史页面，这些历史页面很多具有SEO的价值，但是蜘蛛无法通过正常的爬行抓取到，针对这些页面，建立Sitemap文件并提交给百度等搜索引擎是非常必要的。

蜘蛛在爬行网站的时候，会遵循网站的协议进行抓取，比如哪些网页可以给搜索引擎抓取，哪些不允许搜索引擎抓取。常见的协议有 HTTP 协议、HTTPS 协议、Robots 协议等。

HTTP 协议规范了客户端和服务器端请求和应答的标准。客户端一般是指终端用户，服务器端指网站。终端用户通过浏览器、蜘蛛等向服务器指定端口发送 HTTP 请求。发送 HTTP 请求会返回对应的 HTTP Header 信息，我们可以看到包括是否成功、服务器类型、网页最近更新时间等内容。

HTTPS 协议是一种加密协议，一般用户安全数据的传输。HTTPS 是在 HTTP 下增加了 SSL 层，这类页面应用比较多的是和支付相关或者内部保密信息相关的网页。蜘蛛不会自动爬行该类网页。因此，从 SEO 角度考虑，在建站的时候，尽量对页面的性质进行区分，对非保密页面进行 HTTP 处理，才能实现网页的抓取和收录。

1.3.4　用 Robots 协议引导蜘蛛对页面进行抓取

Robots 协议是放在根目录下的一个协议，也是蜘蛛爬行网站的时候需要访问的第一个文件，通过解读 Robots 文件的策略，蜘蛛可以知道哪些页面可以爬行，哪些不可以爬行。一般来说，网站都是可以开发给蜘蛛来抓取的，某些不允许抓取的页面或者频道，只需要在 Robots 里面设定 Disallow（禁止抓取的命令）就可以。但是在实际运营中，可能面临更复杂的情况，比如整站已经在 HTTPS 下，但是部分页面需要蜘蛛爬行，怎么办？有以下几个解决办法。

（1）复制一份到 HTTP 下。

（2）使用 user-agent 判断来访者，将蜘蛛引导到 HTTP 页面。

关于 Robots 文件，详细说明如下。

（1）特定页面已经不需要蜘蛛抓取，可以进行 Disallow。

（2）某类集中的页面具有共同的 URL 参数，可以实现批量禁止抓取功能。在操作批量禁止的时候，需要避免误伤，即具有同样 URL 特征的功能可能并不在禁止的目的之内，无意中被禁止了。

关于同类特征的 URL 的一个特殊应用就是批量禁止动态 URL 的抓取。比如一个动态发布内容的网站，初始页面都是动态页面，从 SEO 角度考虑，这些动态页面全部批量生成了对应的静态页面，如下。

http://www.abc.com/?id=1

http://www.abc.com/?id=2

……

（已经批量生成了如下）

http://www.abc.com/1.html

http://www.abc.com/2.html

……

如果同时被蜘蛛抓取了动态页面和对应的静态页面，那么网站就存在大量的重复页面，对 SEO 是不好的。可以通过 Robots 功能，统一禁止动态 URL 的抓取，比如在 Robots 文件里写如下内容。

Disallow：/*?*

在抓取方面，蜘蛛会依据实际情况调整对网站的抓取频次，即分配抓取定额，每天定量抓取网站内容，"定量"这个词意味着是有限的，一个大门户网站如果一次性提交 10 万条 URL，并不意味着蜘蛛会很快把 10 万条数据抓取回去，因此，必须有耐心跟踪搜索蜘蛛在网站每天的爬行和收录情况。

1.3.5　影响页面抓取的几个重要原因

影响蜘蛛爬行并最终影响到页面收录结果主要有几个方面的原因。

1. 网站的更新情况

一般来说，网站更新很快，蜘蛛就会更快地抓取网站的内容。如果网站的内容很长时间都没有任何的更新，蜘蛛也会相应调整对网站的爬行频率。更新频率对新闻等网站来说很关键。因此，保持每天一定的更新数量，对吸引蜘蛛是非常重要的。

2. 网站内容的质量

对于低质量的页面，搜索引擎一直是打击的，因此，创建高质量的内容，对于吸引蜘蛛是非常关键的，从这个角度来说，"内容制胜"是完全正确的。如果网页是低质量的，比如大量采集相同内容，页面核心内容空泛，就无法获得蜘蛛的青睐。

3. 网站是否可以正常访问

网站是否可以正常访问对搜索引擎来说就是连通度。连通度要求网站不能经常访问不了，或者访问速度特别慢。从蜘蛛角度来看，希望能提供给检索客户的网页都是可以正常访问的页面，对于服务器反应速度慢或者经常死机的服务器，相关网站肯定会有负面的印象，严重的就是逐渐减少爬行，甚至剔除已经收录的页面。

在现实中，因为国内的服务器服务比较贵，另外，基于监管的要求，国内网站的建立需要有备案制度，需要经历网上上传备案信息等流程，部分中小网站的站长可能会租用国外的服务器服务，比如 Godaddy（一家提供域名注册和互联网主机服务的美国公司）服务等。不过从国内访问国外服务器，距离较远的原因，访问慢或者死机情况不可避免，从长远来说，对网站的 SEO 效果是一个制约。如果要用心经营一个网站，还是尽量采用国内的服务器服务，可以选择一些服务比较好、界面比较友好的服务器供应商，当前多家公司推出的云服务器就是不错的选择。

此外，搜索引擎会依据网站的综合表现，对网站进行评级，这个评级不能完全等同于权重，但是，评级的高低会影响到蜘蛛对网站的抓取策略。

在抓取频次方面，搜索引擎一般都提供可以调整抓取频次设置的工具，SEO 人员可以依据实际情况进行调整。对于服务请求比较多的大型网站，可以通过调整频次的工具来减轻网站的压力。

在实际抓取过程中，如果遇到无法访问的抓取异常情况，会导致搜索引擎对网站的评级大大降低，相应影响抓取、索引、排序等一系列 SEO 效果，最终反馈到流量的损失上。

抓取异常的原因有很多，比如服务器不稳定，服务器一直超负荷运行，或者协议出现了错误。因此，需要网站运维人员对网站的运行进行持续跟踪，确保网站稳定运行。在协议配置上，需要避免一些低级的错误，比如 Robots 的 Disallow 设置错误。曾经有一次，一个公司管理人咨询 SEO 人员，问他们委托外部开发人员做好网站后，在搜索引擎怎么都无法搜索到，是什么原因。SEO 人员直接在 URL 地址栏输入他的网站 Robots 地址，赫然发现里面禁止了（Disallow 命令）蜘蛛的爬行！

关于网站无法访问，还存在其他可能，比如网络运营商异常，即蜘蛛无法通过电信或者网通等服务商访问到网站；DNS 异常，即蜘蛛无法正常解析网站 IP，可能是地址错误，也可能是域名商封禁，遇到这种情况需要和域名商联系。还有的可能是网页的死链，比如当前页面已经失效或者出错等，可能部分网页已经批量下线，遇到这种情况，最好的方法是提交死链说明；如果是 URL 变更导致的旧的 URL 失效无法访问，最好设置 301 跳转，把旧的 URL 和相关权重过渡到新的页面来。当然，也可能是搜索引擎本身负荷过大，临时封禁。

针对已经抓取回来的数据，接着就是蜘蛛进行建库的环节。在这个环节里，搜索引擎会依据一些原则对链接的重要性进行判断。一般来说，判断的原则如下：内容是否原创，如果是，会获得加权；主体内容是否是鲜明的，即核心内容是否突出，如果是，会获得加权；内容是否丰富，如果内容非常丰富，会获得加权；用户体验是否好，比如页面比较流畅、广告加载少等，如果是，会获得加权等。

因此，我们在网站日常运营过程中，需要坚持如下几个原则。

（1）不要抄袭。因为独特的内容是所有搜索引擎公司都喜欢的，互联网鼓励原创。很多互联网公司希望通过大量采集网络内容来组织自己的网站，从 SEO 角度来说，其实是不可取的行为。

（2）在网页内容设计的时候，要坚持主题内容突出，就是要让搜索引擎爬过来就能知道网页要表达的内容是什么，而不是在一堆内容里去判断网站到底是做什么业务的。主题不突出，在很多经营混乱的网站里有典型案例，比如有的小说网站，800 字的一章切分到 8 个页面，每个页面大概 100 字，页面其余地方都是各种广告、各种无关内容信息。还有的网站，主体内容是一个 frame 框架或者 AJAX 框架，蜘蛛能爬到的信息都是无关内容。

（3）丰富的内容，即内容信息量大，内容的展示模式多样化。广告适当就是少嵌入广告，不要打开网页满屏都是花花绿绿的广告。因为广告加载时间计算在页面整体加载时间内，如果广告加载时间过长，导致页面无法完全加载，就会造成页面空而短。同时，针对大量广告影响用户体验方面，百度于 2013 年 5 月 17 日发布公告，宣称针对低质量网页推出了"石榴算法"，旨在打击含有大量妨碍用户正常浏览的恶劣广告的页面，尤其是弹出大量低质广告、存在混淆页面主体内容的垃圾广告的页面。目前部分大型门户网站从营收的角度考虑，还是悬挂大量的广告，作为 SEO 人员，需要考虑这个问题。

（4）保持网页内容的可访问性。有些网页承载了很多的内容，但是使用 JS、AJAX 等方式进行呈现，对搜索引擎来说是无法识别的，这样就造成网页内容空而短，使网页的评级大大下降。

此外，在链接的重要程度方面，还有两个重要的判断原则：从目录层级来说，坚持浅层优先原则；从内链设计来说，坚持受欢迎页面优先原则。

所谓浅层优先，即搜索引擎在处理新链接、判断链接重要性的时候，会优先考虑 URL 更多的页面，即从 URL 组织上离首页域名更近的页面。因此，SEO 在做重要页面优化的时候，一定要注意扁平化的原则，尽量缩短 URL 的中间环节。

既然浅层优先，那么是否可以把所有的页面平铺到网站根目录下，从而选到最好的 SEO 效果？肯定不是，首先，优先是一个相对的概念，如果把所有的内容都放在根目录下，就无所谓优先了，重要的内容和不重要的内容没有任何区分。另外，从 SEO 角度来说，URL 抓取后还用来分析网站的结构，通过 URL 的组成，大致判断内容的分组，SEO 人员可以通过 URL 的组成来完成关键词和关键词网页的组织。

比如 www.abc.com/jiaoyu/ 可能这个组下的内容都是与教育相关的，如 www.abc.com/jiaoyu/1.html。www.abc.com/lvyou/ 可能这个组下的内容都是与旅游相关的，如 www.abc.com/lvyou/1.html。

目前在站内的受欢迎程度主要从以下指标反映出来。

- 站内导向该页面的内链数量。
- 站内通过自然浏览行为到达该页面的PV。
- 该页面的点击流失率。

因此，从 SEO 角度来说，如果你需要快速提高一个页面的搜索排名，可以从受欢迎程度方面做一些工作，如下。

- 多从其他页面做导向该页面的锚文本，特别是高PR页面。
- 给该页面取一个吸引人的标题，引导更多自然浏览用户单击链接到达该页面。
- 提高页面的内容质量，降低页面的流量率。

1.3.6　页面收录工作列表

网页收录是 SEO 工作的核心之一，尽量提高网页的收录，是 SEO 日常工作的重点。为了提高网页的收录可能性，需要做如下的工作。

首先为网站设置一个 Sitemap 文件。网站的 Sitemap 文件就像生活中的地图一样，告诉蜘蛛网站有哪些重要的文件，获取这些文件的路径在哪里。关于 Sitemap 的制作可以查阅本书有关 Sitemap 的章节。

制作好 Sitemap 文件，可以把 Sitemap 文件上传到网站，一般放在网站的根目录下。下一步就是把"地图"提交给搜索引擎，让蜘蛛顺着"地图"过来。关于如何提交 Sitemap 给搜索引擎，每个搜索引擎的做法有一些差别，但是一般要求注册一个搜索引擎的站长账号，然后验证网站属于你以后，在站长管理板块有一个提交 Sitemap 的区域，直接提交网站 Sitemap 的 URL 就可以了，蜘蛛会顺着提交的 URL 爬到网站页面来。

除了提交 Sitemap，为了促进收录，在网站内部设置良好的内链也非常关键。网站内部的结构就像一棵纵向的大树，不断向下植根、发散。如果页面没有良好的内链，蜘蛛就无法从一个页面爬到另外一个页面，即网站存在很多"孤岛"，搜索引擎根本无法发现这些"孤岛"的存在，也就无法把这些页面收录到索引库中来。因此，设法避免"孤岛"页面的存在，对于收录来说，是一项非常重要的工作。另外，部分良好的内链其实起到一种锚文本的作用，对于提升关键词的排名是非常重要的。

蜘蛛在爬行网页的过程中，遇到页面异常的情况，比如因为服务器原因无法访问或者页面已经不存在，会返回提示，SEO 人员需要分析这些反馈信息，尽量修复导致蜘蛛无法正常爬行进而收录页面的各种异常。

1.3.7　页面收录分析

收录分析是对网站的页面收录进行一个系统的分析，通过分析收录比例，可以看到 SEO 的空间。比如页面数量是 100，而收录页面是 5%，那么收录比例 5%，即 100 个页面只有 5 个页面被搜索引擎收录，起不到 SEO 的作用，这个情况就非常不乐观。反之，如果页面数量是 100，而收录页面是 80%，意味着在 100 个页面中，被搜索引擎收录的页面总数已经达到 80 个，收录状态就比较理想。

收录分析可以按照两种方式进行，第一种是按照 URL 的层级进行分析，第二种是按照频道进行分析。

按照 URL 的层级进行分析的方式，如表 1-4 所示。

表1-4　按照URL层级对页面收录数据进行统计

URL类型	页面总数	收录页面	收录占比	问题描述
URL类型	XXX	YYY	Z%	
URL类型	XXX	YYY	Z%	
URL类型	XXX	YYY	Z%	
URL类型	XXX	YYY	Z%	
URL类型	XXX	YYY	Z%	
URL类型	XXX	YYY	Z%	
……				

按照频道的方式进行分析的方式，如表 1-5 所示。

表1-5　按照频道对页面收录数据进行统计

频道	页面总数	收录页面	收录占比	问题描述
频道一	XXX	YYY	Z%	
频道二	XXX	YYY	Z%	
频道三	XXX	YYY	Z%	
频道四	XXX	YYY	Z%	
频道五	XXX	YYY	Z%	
频道六	XXX	YYY	Z%	
……				

按频道进行分析，一般要求每个频道下的 URL 是唯一的，而且和别的频道 URL 不重合，这样分析出来的结果才比较精准。比如新闻频道下的所有页面都是 /news/ 下的页面，而且整个网站其他页面没有在 /news/ 下的页面。如果遇到一个频道下有多个 URL 模式，只能通过列举方法，统计每个频道下的 URL 规律，然后把相关页面进行汇总计算得到分析结果。

1.3.8　蜘蛛抓取分析

蜘蛛抓取分析是对蜘蛛爬行网站的页面的行为进行分析，目的是分析蜘蛛爬行的网页占网页实际数量的百分比，用于检测网站内链的连通性和洞悉蜘蛛的爬行规律。蜘蛛爬行一般按照 URL 的层级进行分析，如表 1-6 所示。

表1-6　蜘蛛爬行分析

URL类型	页面总数	爬行页面	爬行占比	问题描述
URL类型	XXX	YYY	Z%	
URL类型	XXX	YYY	Z%	
URL类型	XXX	YYY	Z%	
URL类型	XXX	YYY	Z%	
URL类型	XXX	YYY	Z%	
URL类型	XXX	YYY	Z%	
......				

1.4　流　　量

SEO 的目的之一是提高网站流量。在流量的度量标准上，有两个基本的指标：IP 和 PV。

1.4.1　IP 和 PV

IP 是指互联网分配给每一台机器的一个独立的识别号，比如 192.168.1.1。

PV 即 Page View，即页面的访问量。

例如，一个用户在自己的计算机上上网，访问虚拟网站 www.edanlan.com 中的 10 个页面，则 IP 统计为 1，PV 统计为 10。

1.4.2　Visit

Visit 即访客，UV（Unique Visit）即独立访客，如 A 访问了虚拟网站 www.abc.com，那么 A 对于虚拟网站 www.abc.com 来说就是一个独立访客。

1.5　PR

做谷歌优化，特别是外贸网站的 SEO，需要特别关注网站 PR。PR 全称 Page Rank，取名自谷歌公司的创始人 Larry Page（拉里·佩奇）之姓。

PR 值目前是谷歌排名运算法则（排名公式）的一个重要参数，主要依据它来标识网页的等级 / 重要性。PR 分 11 个级别，从 0 ～ 10 级，10 级为满分。

刚启用的网站 PR 是 0，随着网站权重的增加，PR 会有所变化，PR 值越高说明该网页越受欢迎。PR 值等于 4 是判断一个网站质量的明显分界线，一般来说，PR 高于 4 就算是一个不错的网站了。目前部分大公司网站的 PR 达到 7，这些网站属于非常受欢迎的网站，比如微软的官方网站。

1.5.1 PR 值的算法

PR 的级别数据每隔一段时间更新一次，更新周期比较长。PR 更新一般是逐步往上，但是如果网站作弊，也可能被清除 PR 信息，属于往下更新了。

在 PR 的算法上，谷歌提供了一个简单的公式 PR(A) = (1-d) + d(PR(t_1)/C(t_1) + ⋯ + PR(t_n)/C(t_n))。其中，PR(A) 是要计算 PR 值的 A 页面，d 为阻尼系数，一般为 0.85，PR(t_1) ⋯ PR(t_n) 分别是各个链接到网站的 PR 值，C(t_1) ⋯ C(t_n) 分别是各个链接到网站的外部链接数量。

由此可以看出对方给你做链接时，并不只是对方网站的 PR 越高越好，对方网站的外部链接数量也很重要。

要查询网站的 PR，可以直接下载和安装谷歌工具条，也可以利用很多现成的 PR 查询网站提供的服务。

1.5.2 提升 PR 值的方法

PR 值的提升对搜索排名具有很大的好处，那么，如何才能提高 PR 值呢？一般来说，可以通过以下方法。

- 与 PR 高的网站进行链接，这样能确保获得高 PR 网站的 PR 分流。
- 与内容质量高的网站链接，理由同上。
- 加入搜索引擎分类目录，理由同上。
- 加入免费开源目录，理由同上。
- 你的链接出现在流量大、知名度高、更新频繁的重要网站上，增加了链接的广泛性。

- 谷歌对PDF格式的文件比较看重，可以在网站上多提供一些PDF文档。
- 域名和标题出现关键词与Meta标签等，确保网站的相关性。
- 让谷歌抓取网站的更多的页面，提高网站权重。
- 适当导出一些链接到外部高质量、高PR的同类网站，这样谷歌会把网站和外部好的网站放到一个Link Group里面，有利于对网页的评级。

PR的提升不是立即见效的，需要一个比较长的过程，因此，可以持之以恒地努力。

1.5.3　自己网站 PR 值输出计算公式

通过友情链接交换等，网站会生成一些导出链接，外部网站会得到部分 PR 值分流。但是到底外部网站会得到多少 PR 值分流呢？

计算公式：$(1 - 0.85) + 0.85 \times$（PR 值 / 外链数）。

把上面公式中的 0.85 当成 1，则公式就可以简化：PR 输出值 = PR 值 / 外链数，可以看到，当网站 PR 值一定，外链数越多，则 PR 输出值越小。

大型网站的首页 PR 值很高，可以给站内的频道页面分流 PR 值。如果导出链接太多，分给站内的 PR 值就少了。在和别人交互链接的基础上，为了不分流 PR 值，会把友情链接设置为 Nofollow，或者采取跳转的方式，比如 "？URL ＝" 这种样式，实际上这对链接的友情网站不公平。

1.6　Alexa

1.6.1　Alexa 的含义

Alexa 排名是互联网网站一种重要的排名，主要反映网站的流行程度。Alexa 是一种全球排名，网站排名数值代表网站在全世界网站中的位置，数字越小，表示网站排名越高，可以直接到 www.alexa.com 中查看 Alexa 排名。

对于中文网站，Alexa 专门有一个中文网站排名，衡量的是在所有中文网站中的位置。

Alexa 排名提供 3 个月的平均排名数据，但是在 Alexa 中文网站可以查看最近

7 天的排名。

1.6.2　Alexa 排名提升关键参数

Alexa 排名是根据对用户下载并安装了 Alexa 工具栏嵌入到 IE、FireFox 等浏览器，从而监控其访问的网站数据进行统计的。它通过分析数以百万的匿名 Alexa 工具栏用户数据，以及其他数据来计算网站流量排名。因此，其排名数据并不具有绝对的权威性。但由于其提供了包括综合排名、到访量排名、页面访问量排名等多个评价指标信息，且目前尚无而且也很难有更科学、合理的评价参考，大多数人还是把它当作当前较为权威的网站访问量评价指标。特别是国内的大型门户网站，希望融资或者卖出广告位，提升 Alexa 排名就变成很重要的工作。

Alexa 排名的计算，来自综合分析网站最近 3 个月的日均访问人次和页面访问量。排名第一的网站拥有最高的综合访问人数和页面访问量。Alexa 中国网站提供最近一周的 Alexa 排名数据。Alexa 提供的排名数据只是针对顶级域名，顶级域名下的子域名 PV 和 Reach（每百万用户访问人次，简称 Reach）数据都是为顶级域名服务的。

1.6.3　Alexa 算法

尽管知道影响 Alexa 的关键词参数，但是，Alexa 这个指标是如何计算出来的呢？想必大家不是都很熟悉，下面是整理的 Alexa 算法，供大家参考。

某个网站在被统计排名时，依据的浏览率数据是基于该网站 3 个月访问量记录。也就是说，Alexa 每 3 个月发布一次排名结果，即通常说的名次。它的计算主要取决于访问用户数和页面浏览数。Alexa 系统每天对每个网站的访问用户数和页面浏览数进行统计，通过这两个量的 3 个月累积值的几何平均得出当前名次。

- 用户访问数 Reach（Users Reach），指访问某个特定网站的人数占全部 Alexa 用户数的比例，即访问用户数 = (访问人数/全部 Alexa 用户数)×100%，Alexa 以每百万人作为计数单位。
- 页面浏览数 PV（Page View），是指用户访问了某个特定网站的页面数量。每个用户浏览的页面数取平均值，是所有访问该网站的用户每天每人浏览的独立页面数的平均值。同一人、同一天、对同一页面的多次浏览只计一次。

Alexa 排名 = Reach × PV × x，这里 x 表示未知的算法或者参数。所以，只要能提高 Reach 和 PV 中的一个或者两个，就能提高排名。

- 提升Reach：提升用户访问数。
- 提升PV：提升Alexa用户访问的页面数。

1.6.4　Alexa 排名优化

在大致了解 Alexa 的排名和计算的基础上，Alexa 优化成为 SEO 的常见选择。

首先，因为 PV 是 Alexa 排名中的一个重要因子，增加 PV 就成了 Alexa 排名优化的一个常见方式。在增加 PV 选择上，常见的优化方式为通过合理的推荐机制部署相关文章，引导客户自然点击更多页面，这种方式对提升用户的体验是有提升的。但是，也有一些专业 SEO 人员并不推荐的做法，如下。

首先，从第三方公司导入非相关流量纯粹增加 PV 的做法。这类做法在大公司中更常见，特别是大的门户网站，为了实现上市融资、提高估值的目的。目前市场提供非相关流量服务的公司也很多，主要导入的非相关流量来自小说、游戏、地方站点等。尽管这种做法短期提升 PV 效果明显，但是不建议 SEO 人员采用这种方式，因为这样会导致网站的跳出率（Bounce Rate）大大提高，长远来看，对网站的优化效果影响弊大于利。

其次，考虑调整引流网站，提高 Reach 比例。Alexa 的排名实际是通过安装客户端来获取数据的，因此，安装 Alexa 客户端的人群对 Alexa 的排名影响很大。我们知道，IT 用户或者互联网应用类用户聚集网站安装 Alexa 客户端的比例要高一些，因此，如果能从这些网站引流，Reach 的值就会高很多。在实践中确实是这样的。通过设计 Iframe 框来增加PV。方法：做两个页面a.html和b.html，在a.html通过 Iframe 调入 b.html，这样，访问 a 页面，就相当于产生了两个 PV。此外，有的 SEO 人员会尝试通过共享安装了 Alexa 工具栏的计算机资源来实现增加 Reach 的目的，这在本质上也是会增加跳出率的，不建议采用这种方式。

Alexa 经常大幅度波动，排名 2 万～ 10 万名的网站经常上下波动，而排名几千名之内的网站波动也很大，比如最好的时候是 2 000 多名，但是到了周末，可能波动到 3 000 多名，甚至 4 000 多名，主要原因如下。

（1）Alexa 是全球排名，有时候我们放假或者周末，但是国外还在上班，所以国外网站的 PV 就会相对国内网站高很多，因此，其 PV 就会前进很多，我们的 PV 会下降。

（2）如果只看中文 Alexa 排名，其实也是有很大波动的，因为有的网站集中促销，也会造成排名靠前的结果。可以这样说，排行几千名以内的竞争对手的活动都会对网站的 Alexa 排名造成影响的。但是排行进入几百名后，可能波动就会小很多，因为大家都很强大，促销等就无法影响太多。

因此，如果发现 Alexa 波动很大，可以先排除一下节假日，然后再结合竞争对手来分析网站，这样才能找到真正的波动原因。

1.7 外　链

外链是从互联网中其他网站导入自己网站页面的链接，外链会影响搜索引擎的爬行、索引和排序。

通过外链，蜘蛛可以及时发现更新的网站链接和重要内容。外链是蜘蛛发现页面的重要入口。外链的文字（锚文本）可以向蜘蛛传达页面内容和关键词，帮助蜘蛛快速定位网页的内容。外链采用一种投票机制，反映了网页的受欢迎程度，对排序具有重要的参考意义。

在排序算法上，外链是谷歌算法 PR 中的一个重要参数，导入外链的质量会极大地影响网站的 SEO 效果。

在 PR 的算法上，谷歌提供了一个简单的公式，如下。

$PR(A) = (1-d) + d(PR(t_1)/C(t_1) + \cdots + PR(t_n)/C(t_n))$。

其中，PR(A) 是要计算 PR 值的 A 页面，d 为阻尼系数，一般为 0.85，$PR(t_1)$ $\cdots$ $PR(t_n)$ 分别是各个链接到你的网站的 PR 值，$C(t_1)$ $\cdots$ $C(t_n)$ 分别是各个链接到你的网站的外部链接数量。

因为外链直接关系到网站的 SEO，所以，通过增加外链的方式来提升 SEO 效果是一种可行的选择。一种是通过类似友情链接的方式，另一种是通过彼此在合理的内容页面增加引导的方式，这两类方式都需要主要适度和相关性。在增加外部链接方式方面，有的 SEO 人员会尝试一些偏激的方式，比如在专门的外链服务网站增加外链，这种外链的引入对网站的引入是百害而无一利的。

为了打击低质量的外链，百度推出了绿萝算法。关于绿萝算法，百度官方网站提到的重点提示如下。鼓励站点有多种盈利方式，利用优质的原创内容吸引固定用户，引进优质广告资源，甚至举办线下活动，这些盈利方式都是我们乐于见到的，是一个网站的真正价值所在。打击依靠采集内容进行盈利的网站，特别是基于采集内容进行出卖超链位置的服务；有义务维护超链的纯净，维护用户利益，也有责任引导站长朋友们不再支出无谓的花销。

以上是百度质量团队首次推出绿萝算法时的具体情况，这个算法后来被称为绿萝算法 1.0。5 个月之后，百度质量团队再次推出绿萝算法 2.0，针对明显的推广性软文进行更大范围、更加严格的处理。

惩罚的对象重点是发布软文的新闻站点，同时包括软文平台和软文站点。惩罚方式如下。

（1）针对软文服务平台，直接屏蔽。

（2）针对软文发布站，视不同程度进行处理。例如，一个新闻网站存在发布软文的现象，但情节不严重，该网站在搜索系统中将被降低评价；利用子域大量发布软文的，该子域将被直接屏蔽，并且清理出百度新闻源；创建大量子域用于发布软文，此种情况整个主域将被屏蔽。

正规的外链建设应该遵循由少到多的原则，一个网站刚开始建设，外链应该是逐步建立的，如果突然爆发很多外链，可能会引起搜索引擎的警惕。如果其中大部分外链来源质量非常差，效果就很差。建立高质量的外链，建议如下。

- 尽量寻找 PR 高的网站建立外链。
- 尽量寻找业务相关领域的网站建立外链。比如网站是有关安卓开发培训的，那么建议选择安卓开发相关的网站，如安卓开发技术论坛、安卓开发资料分享等。
- 尽量寻找建站时间长的网站建立外链。如何查看网站建站时间？一个简单的办法是搜索域名注册的时间，一般来说，域名注册时间长的网站建站时间都会长一些，当然不排除特例。

第 2 章
SEO 关键参数实战

　　网站的 SEO 工作类似搭建一座房子，在建立房子的时候，需要考虑打地基、做装饰。SEO 的每一项工作汇总起来，最终形成网站完善的 SEO 方案和支撑体系。

　　本章需要读者关注的重点知识如下。

- 单个网页的SEO方法。
- 单个频道的SEO方法。
- 整站的SEO方法。

2.1　网页中 SEO 参数与设置技巧

2.1.1　网页标题（Title）的 SEO 参数设置技巧

网页标题即 Title，是 SEO 最需要关注的地方，因为不管对普通用户，还是对 SEO 来说，Title 都相当于一个门面，简洁地展示了页面的核心信息。对页面标题进行 SEO，有几个重要的原则。

- 标题中需要合理部署页面关键词。
- 关键词的位置要尽量靠前。
- 关键词不要堆砌，通过合理方式部署1～2个核心和长尾关键词就很理想了。

标题中要合理部署页面关键词，需要在标题中充分考虑当前页面的内容。单个页面需要承载的任务是将当前页面的关键词优化到搜索排名，并不能完全承载整个网站的优化任务，因此，首先考虑放到标题中的词汇一定是与当前页面相关的。

关键词位置靠前指的是在标题中尽量把关键词放在第一位。以一个家居网站的儿童书桌页面为例。

页面关键词是儿童书桌，可以这样写：儿童书桌 - × × 家居网。

如果关键词是儿童智能书桌，可以这样写：儿童智能书桌 - × × 家居网。

关键词不要堆砌是指同一个关键词不要在标题中出现多次，因为多次出现也没用，在搜索引擎处理的时候肯定都去重了；其次，是指类似的关键词不要写多个，因为会分散权重。但是，SEO 人员往往会面临一个困境，即一个页面就是有多个关键词，怎么办？一般建议一个页面不要承载多个关键词，比如对于儿童智能书桌页面，儿童书桌、书桌都可以被定义为关键词，只是儿童智能书桌一词更精准，更长尾些。

遇到这个问题，建议从网站的实际情况出发，如果目标是竞争难度较大的书桌一词，建议采用第一种写法，如果目标是竞争难度较小的学生书桌的相关词，则推荐采用第二种写法。但是两种写法对 SEO 的影响都是比较大的，因为人群的定位已经有了很大的区分。

更麻烦的是有些词不是纯粹的长尾和核心词的区别，而是两个表达意义一样，但是都需要争取的词汇，必须通过一个页面来竞争，怎么办？比如一个 P2P 网站的借款页面，可能同时需要竞争融资、借款两个词，怎么设置标题更好呢？

遇到这种情况，建议排一个优先级，先看看每个词的搜索量数据和竞争热门程度，再来决定哪个更优先，然后看看另外一个关键词怎么组合在标题里面。

我们假设数据如下。

- 借款。日均搜索量500，竞争程度1.2（竞争程度越高，表明优化的难度越大）。
- 融资。日均搜索量300，竞争程度1.5。

从这个角度来说，借款一词明显优先级高，因此我们可以把借款一词当作首要考虑的词，再考虑融资怎么融合到标题其余部分，可以参考的例子如下。

- 借款-AA公司提供免息融资服务。
- 借款-融资免息服务一站式完成。

上面的标题除了借款、融资两个关键词外，还考虑了免息、一站式等词，通过该标题可以达到覆盖：借款免息、免息融资、借款一站式、融资一站式等常见的与借款相关的搜索词汇。

当然，上面的数据是假设的理想数据，如果遇到以下数据怎么办？

- 借款。日均搜索量500，竞争程度1.5。
- 融资。日均搜索量300，竞争程度1.2。

这个就看优化的能力了，建议尽量争取日均搜索量大的关键词。

2.1.2 关键字参数（Meta Keywords）的 SEO 设置技巧

Meta Keywords 是代码里面的一个元素，通过定义这个元素来告知搜索引擎当前页面的关键信息，代码展现如下。

<meta name ="keywords" content=" 关键词 1, 关键词 2, 关键词 3, 关键词 4, 关键词 5">

一般来说，一个页面的 Meta Keywords 关键词最好为 3 ~ 5 个，如果定义的

关键词太少，尽管非常精准，但是毕竟覆盖的范围小，会浪费长尾的机会；如果定义过多，势必会分散每个关键词的权重。因此，从经验来分析，建议 3 ～ 5 个词比较理想。在具体的写法上，每个关键词之间使用半角逗号分隔开，同时每个关键词需要被双引号标注。

确认 Meta Keywords 中设置的关键词，需要遵循两个基本原则。

* 围绕核心关键词。

* 适当拓展长尾和长尾组合。

比如，当前页面是关于儿童餐桌椅的商品详情页，Meta Keywords 的设置考虑思路步骤如下。

（1）考虑核心关键词：儿童桌椅。

（2）围绕核心关键词，筛选出一组备份关键词（假设已经考虑了搜索量，竞争激烈程度等因素），一般准备 10 个词组：儿童桌椅、儿童餐桌椅、儿童餐桌、儿童椅子、儿童家具、儿童餐桌椅品牌、儿童书桌、实木儿童书桌、实木儿童餐桌、实木儿童桌椅。

（3）考虑关键词搜索组合，选出覆盖最佳的关键词组合如下。

儿童桌椅 - 核心词。

儿童餐桌椅 - 核心词变种。

儿童餐桌 - 核心词变种。

儿童椅子 - 核心词变种。

儿童家具 - 核心词更大外延。

儿童餐桌椅品牌 - 核心词长尾。

儿童书桌 - 核心词变种。

实木儿童书桌 - 核心词变种长尾。

实木儿童餐桌 - 核心词变种长尾。

实木儿童桌椅 - 核心词变种长尾。

一般先去掉核心词更大外延的词汇，因为词汇竞争更激烈，所以，去掉儿童家具。

（4）把核心词长尾的词汇放到待定列表，因此选定：儿童桌椅品牌。

（5）把核心词变种放到待定列表，因此选定：儿童餐桌椅、儿童餐桌、儿童椅子、儿童书桌。但是这里已经超过了 5 个的限制，现在有 6 个关键词了，怎么办?

（6）把核心变种里面和别的变种词重叠最多的词汇去掉，比如儿童餐桌椅，同时具有儿童、餐、桌椅这个分词的可能，而这个分词的结果在另外 3 个词里面都可以覆盖，因此，去掉儿童餐桌椅。

经过这样的分析过程，我们最后筛选出 5 个词组：儿童桌椅、儿童桌椅品牌、儿童餐桌、儿童椅子、儿童书桌。

规范的 Meta Keywords 有利无弊，但是词汇的选择不是一次就能达到最优的，需要一个反复优化的过程，后续在真实的运营中，需要对词汇的表现进行持续的跟踪，将表现好的关键词重点固化，通过页面内容辅助等优化表现不好的关键词。

需要重点提示的是在 Meta Keywords 的设置中，需要避免关键词堆砌，第一确实不必要，因为搜索引擎都会智能去重，第二确实容易招致惩罚。

2.1.3　描述参数（Meta Description）的 SEO 设置技巧

Meta Description 同样是代码的一个元素，该元素用来告知搜索引擎当前页面的主要内容，这个参数在代码层面主要显示为 Description，在代码中位置如下。

<meta name="description" content=" 页面描述内容 ">

Description 的内容需要被双引号标注。

提示：Description 参数的设置中，注意将关键词放在第一个逗号之前，此外，在参数的其他部分至少出现一个与关键词相关的长尾词。

一个关于儿童套装的页面，我们可以描述如下。

×××店铺新到 1 000 多款儿童套装，款式多样，覆盖多达 40 个国内外知名儿童套装品牌，现在购买，所有套装价格五折起。

在描述的设置上，需要考虑的因素如下。

（1）尽量简洁介绍当前页面内容。很多时候，在搜索引擎搜索特定关键词的时候，对页面信息的简要介绍就是直接调用 Meta Description 的内容，因此，能否在这个元素里将页面内容讲述清楚，同时还具有吸引力，这很重要，关系到页面能否被打开。

（2）对于广告或者商业类页面，建议将联系方式等放在 Meta Description 进行展示，这样，搜索引擎在展示的时候，用户可以直接看到联系方式，也许就可以直接联系了，减少用户跳转到页面再次搜寻的麻烦，这样商业价值更高一些。这也意味着用户可能并不用打开页面就已经得到了答案，从某种意义来说，减少了一次行为上的转化，对 SEO 的考核可能会有一些转化上的影响。然而，我们需要意识到，所有的 SEO 行为都需要服从商业目的，既然目的已经达到，就是最大的成功了，可以通过别的方式来进行考核替换。

2.1.4　H1、H2 应用中的 SEO 设置技巧

H1、H2 也是页面里面的代码，用户定义当前页面每个标题的级别。标题级别从 H1 到 H6 分 6 个级别，重要性依次递减。为了提高当前页面关键词的排名，建议在 H1、H2 等地方合理布置关键词。

一个典型的标题级别优化思路如表 2-1 所示。

表2-1　标题设置关注点

内容分类	重要性	设置	关键词
大标题	最重要	H1	页面核心关键词
次标题1	次重要	H2	页面核心关键词长尾
小标题1.1	次次重要	H3	页面核心关键词长尾
小标题1.2	次重要	H2	页面核心关键词长尾
次标题2	次次重要	H3	页面核心关键词长尾
小标题2.1	次重要	H2	页面核心关键词长尾
小标题2.2	次次重要	H3	页面核心关键词长尾
……	……	……	……

2.2　频道层次的 SEO 技术参数

频道层次的 SEO 就是针对网站每个频道页面进行 SEO 设置的方法和技巧。

2.2.1　频道名称 SEO 设置技巧

不管是对于普通的企业网站，还是销售网站来说，频道名称都是一个很重要

的 SEO 途径。

以一个软件企业的网站为例，该网站除了作为企业宣传网站外，还要作为用户下载软件和在线购买软件的载体，它的频道设置如图 2-1 所示。其中，网络监控、网络查错和网络设计是这个软件的 3 个重要功能，所以将其放到 2 级目录里面进行专门优化，效果是非常理想的。

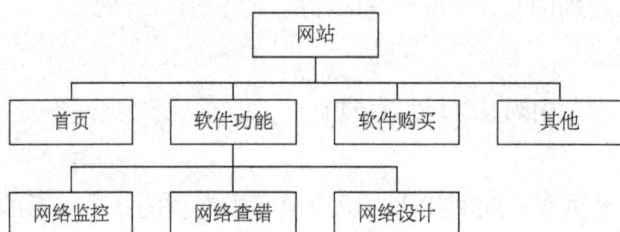

```
                          ┌─────────┐
                          │  网站    │
                          └────┬────┘
         ┌──────────┬─────────┼──────────┐
     ┌───┴───┐  ┌───┴───┐ ┌───┴───┐  ┌───┴───┐
     │ 首页  │  │软件功能│ │软件购买│  │ 其他  │
     └───────┘  └───┬───┘ └───────┘  └───────┘
            ┌───────┼───────┐
        ┌───┴───┐ ┌─┴───┐ ┌─┴────┐
        │网络监控│ │网络查错│ │网络设计│
        └───────┘ └─────┘ └──────┘
```

图2-1 软件企业网站频道设置

再看另外一个例子：一个卖首饰的网站，主营耳环、手镯、项链、戒指的销售等。它的网站设计如图 2-2 所示。

```
                    ┌─────────┐
                    │  网站    │
                    └────┬────┘
  ┌─────┬─────┬─────┼─────┬────────┬─────┐
┌─┴─┐ ┌┴──┐ ┌┴──┐ ┌┴──┐ ┌┴──┐ ┌───┴────┐ ┌┴──┐
│首页│ │手镯│ │戒指│ │项链│ │耳环│ │按材质选择│ │其他│
└───┘ └───┘ └───┘ └───┘ └───┘ └────────┘ └───┘
```

图2-2 首饰网站频道设置

这个网站 SEO 的特点是扁平化，每个频道就是一个主营产品，因此每种产品的权重都非常高。

2.2.2 下拉菜单 SEO 设置技巧

下拉菜单可以按照频道的关键词进行拓展，比如戒指这个频道可以按照不同的分类来处理下拉菜单。

方式一：按照用途分，如结婚戒指、订婚戒指、金婚戒指等。

方式二：按照材质分，如黄金戒指、铂金戒指、925 纯银戒指等。

方式三：按照性别分，如女款戒指、男款戒指等。

同理，手镯频道可以处理如下。

按照材质，可以分为金手镯、银手镯、木制手镯、玉石手镯等。

项链频道可以处理如下。

按照项链的做工／用途，可以分为镶钻链、镶宝链、蛋形花边链、福寿链、圆管链、镶珠链、子母链、锁骨链等。

按照项链的材质，可以分为纯金项链、925 纯银项链、宝石项链等。

耳环等频道可以按照同样的方式设置下拉菜单。但是在这个例子中，还设置了一个按材质筛选的频道，因此，可以把每个频道下方的页面按材质分合并到这个频道里面，在具体的项链等频道，采用按照做工、样式，或者按照应用场景来划分会比较合适些，能覆盖到更多的长尾。

2.2.3　页面导航（面包屑）SEO 设置技巧

页面导航承载的 SEO 设置包括：①增加页面关键词密度；②增加内链。

页面关键词确定以后，在页面导航中需要将关键词合理部署进去，一般采用如下样式。

首页 > 频道名 > 当前关键词或者当前页面文件的 Title。

例如，首页 > 项链 > 锁骨项链。

关于首页的关键词是否需要替换为首页的目标关键词，很多 SEO 人员都比较困惑。比如当前网站首页希望竞争"首饰"这个关键词，那么，到底"首页"要不要替换为"首饰"？从锚文本效果出发，设置为"首饰"对首页的 SEO 是有好处的，但是，很多时候我们不仅需要考虑搜索引擎本身，还需要考虑真实用户的体验，从切换角度，"首页"比"首饰"的指向性更明确，从这个角度出发，还是建议遵从"首页"的思路。

页面导航还有增加内链的 SEO 任务，因此，在"首页 > 项链 > 锁骨项链"中，每个链接需要设置成可单击、可跳转到其他相关页面。

2.3　整站 SEO 技术参数

整站 SEO 即从整个网站的层面来综合考虑 SEO 技巧。

2.3.1 站内锚文本设置技巧

锚文本是关键词带着超链接，分为站内锚文本和站外锚文本。锚文本在关键词的排名上具有很大的权重。要很好地提高关键词排名，必须做好锚文本工作。其中，站内锚文本的设置和管理是 SEO 工作的一项重要工作。

对于大中型网站来说，为了提高效率，会采用技术生成的方式来生成大量的锚文本。我们来看下面的例子。

赶集网：在每个频道页面的下方设计了流量大的关键字锚文本，如图 2-3 所示。

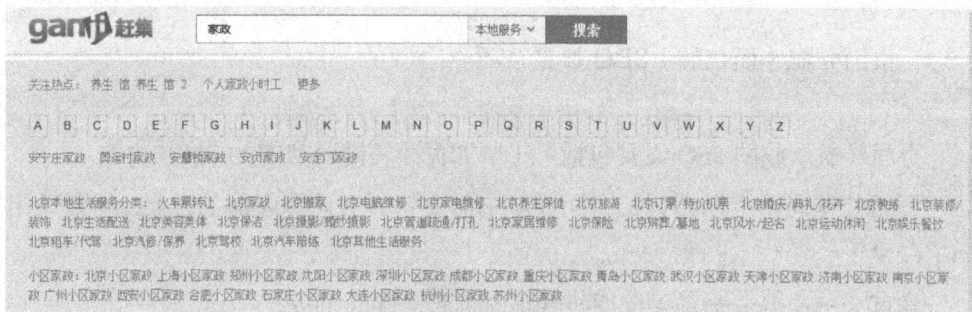

图2-3 频道下方设置关键词锚文本

提示：站内锚文本的设计原则为将流量大的核心词巧妙融在频道和页面中。

合理的站内锚文本设计不仅能提高关键词的排名，同时还能引导蜘蛛从不同角度爬行网站，增加网页收录，也能改善用户体验，因此，这是"一石三鸟"的技术。

在锚文本的处理上，需要注意锚文本的设置是否始终遵循同一个原则，同一个关键词的超级链接是否指向同一个页面。

在实际的工作中，人们经常忘记统一这个原则，导致一个网站内部存在不同的关键词链接，链接指向不同的页面，这时需要 SEO 把这些不一致找出来，逐步形成统一的规范。如果网站页面很大，要查找出所有的不一致是非常困难的，如果能得到公司技术力量的支持，可以写一个简单的蜘蛛爬行整站程序，把这些锚文本的信息抓取回来，并自己分析出结果。表 2-2 所示就是分析出来的数据示例。

表2-2 标题设置关注点

ID	锚文本	链接	所在页面	状态
1	LV	http://www.abc.com	http://www.abc.com/3.html	正常
2	LV	http://www.abc.com/1.html	http://www.abc.com/4.html	告警
3	LV	http://www.abc.com	http://www.abc.com/5.html	正常
4	LV	http://www.abc.com	http://www.abc.com/6.html	正常

2.3.2 页面内链设置技巧

内链的设置遵循多样性和深度链接的原则。多样性是指从网站的多个内容载体（文字、图片等）上实现锚文本功能，多样性设置的目的是丰富链接的方式，增加锚文本的入口；深度链接，即锚文本的链接设计在不同深度的链接，作用之一是从网站的不同级别网页（URL 不同层级的网页，如首页、频道页、频道下的详情页分属不同级别的网页）辅助蜘蛛爬行，而分布在不同页面的锚文本提高了锚文本来源的丰富程度，对搜索引擎在判断锚文本的重要性方面提供了更好的帮助。

2.3.3 URL 标准化

URL 标准化，是指针对同一个网站的内容，尽量将对应链接做到标准化。在实际操作中，可能存在多个链接到达同一个页面。例如，在百度中搜索一个网站 abc.com，可以看到同时存在 www.abc.com、abc.com、www.abc.com/ 等。在很多情况下，这几类 URL 可能都同时存在，并且指向同一个页面。如果同时存在多个链接进入同一个页面，我们就可以判定该网站在 URL 标准化方面处理技巧还有待提高。

提示：之所以提倡尽量做到 URL 标准化，原因在于 URL 标准化处理后，易于集中权限，提高域名的权威性。

一般来说，搜索引擎会智能识别权威域名，但是如果遇到同时可以搜索到的情况，意味着搜索引擎对权威页面的识别还存在一些问题。假如页面确实存在多个，无法让搜索引擎判断权威，处理的建议：通过 301 方式，将 URL 统一指向目标 URL 模式。部分搜索引擎支持通过在站长后台指定权威域的方式来处理这个问题。

2.3.4 Nofollow 设置技巧

Nofollow 是 HTML 标签的属性值。这个标签的意义是告诉搜索引擎不要追踪此网页上的链接或不要追踪此特定链接。简单来说，如果 A 网页上有一个链接指向 B 网页，但 A 网页给这个链接加上了 rel="Nofollow" 标注，则意思为通知搜索引擎不把 A 网页计算入 B 网页的反向链接。搜索引擎看到这个标签就可能减少或完全取消链接的投票权重。

目前常用的搜索引擎如百度、谷歌、Yahoo 都支持 Nofollow 标签。

Nofollow 标签的应用场景如下。

- 场景一：因为说明等的需要，页面需要引导用户去阅读站外的一篇文章，但是从 SEO 的角度来说，不希望因为有导出链接而分散网站权重，就可以使用 Nofollow 标签来定义该导出链接。
- 场景二：网站有部分信息希望用户能访问到，但是不希望给搜索引擎抓取或者希望引导蜘蛛去爬行更有 SEO 效果的页面，可以对到达这部分信息的页面链接进行 Nofollow 设置。
- 场景三：如果是一个用户产生信息的网站，比如博客、论坛类，几乎避免不了使用 Span（用来组合文档中的行内元素的标签），机器自动发帖或者手工发帖，创建大量垃圾内容，并填充大量外链信息。为了有效抑制这种情况的发生，可以采用不允许外链生效的措施，也可以采用对所有外链默认启用 Nofollow 机制。

Nofollow 怎么用呢？下方是百度百科的一些举例，可以参考。

Nofollow 标签通常有两种使用方法，如下。

（1）将 Nofollow 写在网页上的 Meta 标签上，用来告诉搜索引擎不要抓取网页上的所有外部和内部链接。

`<meta name="robots" content="Nofollow"/>`

（2）将 Nofollow 放在超链接中，告诉搜索引擎不要抓取特定的链接。

`<a rel="external Nofollow" href="url"><span> 内容 </span></a>`

Nofollow 标签是超链接 <a> 的一个属性值，我们只需要在源代码里面加上 rel="Nofollow" 或者更为正规的 rel="external Nofollow" 即可，即 `<a href="#" target="_blank" rel="Nofollow">###</a>`。

2.3.5　关键词组合快速膨胀技巧

在 SEO 起步阶段，很多网站的关注点集中在单一或者某部分关键词的排名上，这在本质上没有错误，因为任何一个关键词的排名得到提升，对网站的流量影响都是正面的。但是，要想从规模上提升 SEO 的效率，需要考虑关键词组合的技巧。因为要带来大量的流量，主要靠大量的关键词组合，特别是对于大中型网站来说，通过手工创建锚文本、外链的方式来快速提高关键词的排名，效率太低，需要对网站的整体关键词布局有一个完整的设计。

提示：在关键词组合拳方面，大中型的门户网站需要特别注重通过栏目和站内模块的设置，确保自动形成大量的关键词组合（实现关键词快速膨胀的效果），这个是网站 SEO 效果规模提升的关键，可以确保带来大量的流量。

关键词快速膨胀技巧如下。

- 通过频道的设置实现关键词膨胀。
- 利用搜索页面实现关键词膨胀。

利用搜索页面实现关键词膨胀非常常见，下面我们找一个网站来进行分析。首先，我们来看赶集网，如图 2-4 所示。

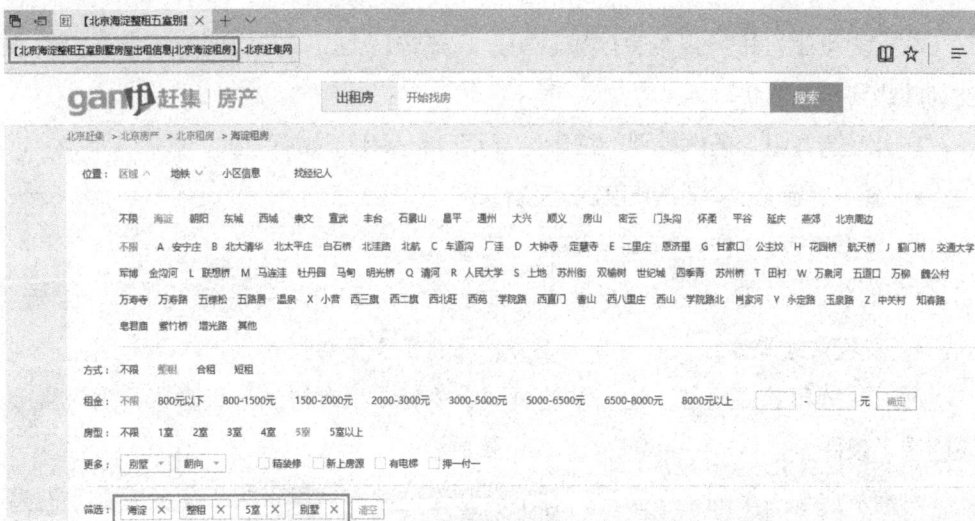

图2-4　利用搜索页面实现关键词膨胀图示1

在按区域板块搜索房源页面，一共有位置、方式、租金、房型 4 个搜索条件，其中，位置的区域分为海淀、东城等 20 个区，每个区按照具体位置又划分为 40 个左右的地点，比如，海淀下面分为清河、小营、西三旗等。因此，区域参数一共约有 20×40 = 800 个。

实际上，上面提到的 800 个区域参数可以按照任何个数重新组合，试想一下，会产生多少种组合！而这些，都会形成大量的关键词组合，在用户搜索的时候会带来大量的流量，如图 2-5 所示。

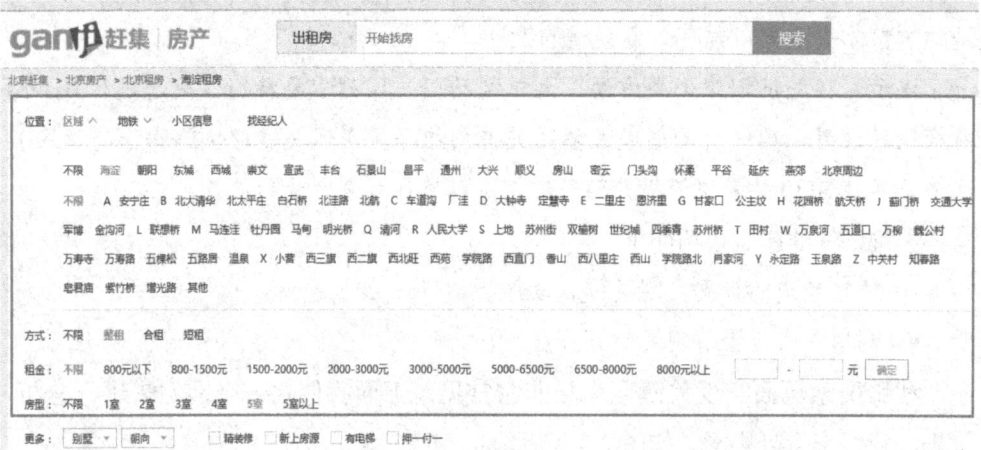

图2-5 利用搜索页面实现关键词膨胀图示2

在此基础上，用户再组合区域、租金、方式、类型，关键词的组合规模就会达到超级膨胀的效果。

在处理这些组合条件得到的搜索结果页时，采用了如下方式。

- 每个页面生成单独的URL，页面唯一。
- 每个页面的Title显示组合条件，页面唯一。
- 每个页面的Description自动调用组合条件，页面唯一。
- 在搜索结果旁边显示组合的条件，强化了页面的重点。

通过这些巧妙的处理，让网站的页面、关键词组合得到超级膨胀，为流量突破创造了条件。

目前从搜索引擎的角度来说，并不鼓励通过搜索结果页来优化的方式，但是实际上，像赶集网这种本质是搜索结果页的优化方式目前还是可行的。

2.3.6 通过专题快速提升关键词排名技巧

在单一的页面中，安排很多关键词并期望都获得好的排名是不现实的，要捕获某一类词汇的大量的流量，通过专题的方式来做关键词是通常的做法。

在专题页设置方面，最好搭配几个页面，针对某几个核心关键词进行精心的设计，形成单一页面有核心关键词、多个页面互相辅助并强调某类关键词的效果。

示例：某公司推出一款房产抵押的借款产品，需要对关键词进行重点推广，实现在线获得客户的目的。

- 分析目标：推广"房产抵押"关键词。
- 区域特色：目前只在北京地区获得客户，因此，考虑是否只需要设置和北京相关的房产抵押关键词。
- 相关关键词分析：房产抵押借款、房抵、住房借款、押房贷、抵押借贷、抵押贷、二手房抵押、房产抵押计算器、房产抵押还款方式等。

在专题页的规划上，可以考虑以下树状结构。

一级页面：北京房产抵押借款（页面 SEO 重点：主做关键词"北京房产抵押借款、房产抵押计算器"，在该页面设计借款入口，并通过内链以锚文本方式链接到其他二级页面）。

二级页面：北京二手房抵押借款产品比较（页面 SEO 重点：主做关键词"二手房抵押借款、房产抵押还款方式"，通过内链以锚文本方式链接到一级页面和其他二级页面）。

住房借款的前世今生（页面 SEO 重点：主做关键字"抵押借款、抵押贷、房抵"，通过内链以锚文本方式链接到一级页面和其他二级页面）。

专题页设置时确保合理的关键词密度，并提交给搜索引擎。上线后，随时跟踪页面的抓取和排名情况，如果有必要，在二级页面再继续设计几个相关页面。这样通过整个专题页的配合，把北京房产抵押借款相关词汇的 SEO 效果进行整体提升。

第 3 章
不同类型网站的 SEO 策略

在网站 SEO 的应用中，商城、图片站等网站的 SEO 非常重要，这些网站的 SEO 有一些特殊的设置要求，如果处理得好，对整体 SEO 的提升将会起到极其关键的作用；如果处理得不好，会导致 URL 重复。希望本章的知识和案例演示能给大家带来一些启示。

本章需要读者关注的重点知识如下。

- 避免重复URL方法。
- 自动锚文本方法。
- 避免页面相似性方法。
- 域名变更处理方法。

3.1　商城 / 网店 SEO 策略与设置技巧

在 SEO 的实际应用中，商城和网店的 SEO 是很重要的平台。如何在商城和网店平台做好 SEO 设置，对获取客户很关键。

3.1.1　避免多 URL 对应重复页面的 SEO 技巧

在网站设计之初，如果没有很好的规划，则可能存在多个 URL 能访问同一个页面的情况。这对 SEO 的效果是有影响的，因为对搜索引擎来说，可能无法判断哪个是权威页面。电子商城网站中存在多个 URL 对应同一个页面的情况比较普遍，原因如下。

（1）在商城初始建立的时候，可能没有从 SEO 方面考虑 URL 的最优化，因此，采用了动态 URL 或者不是标准的半静态 URL 模式。在后期优化的时候，为了避免流量的大幅波动，一般会允许原始 URL 和优化后的 URL 并存。

（2）在商城设立的时候，可能会存在从不同页面进入同一个页面、显示不同URL 的情况，比如从首页进入一个列表页，和从产品分类里进入同一个列表页，可能显示不同的 URL，技术设置之初主要是考虑记录来源地址，但是从 SEO 方面考虑就存在问题了。

如果网站已经存在重复的 URL，怎么处理才可以更优化呢？主要的 SEO 方法有以下两种。

- 通过Robots文件禁止对某一类URL的爬行，只允许爬行其中的一种URL，这样的坏处是Robots文件对蜘蛛禁止太多，同时，如果有非优化URL已经被收录，而优化的URL尚未收录，会导致流量的大幅度波动。
- 通过Link Rel="canonical"处理重复页面。

3.1.2　多层次的关键词规划技巧

在商城的推广上，需要针对商城的特色设定不同层次的关键词。关键词应该紧扣商城产品和品牌，结合购物、售后、促销等相关词汇进行考虑，覆盖搜索量大的目标人群。

案例：某家居商城的 SEO 关键词策略

商城的目标关键词依据层级分为几类，具体关键词如下。

（1）产品分类关键词，总共分三级。

① 一级分类，如厨房、卫浴、家纺、基础建材、家电、五金、灯饰、家居等。

② 二级分类，如厨房电器、灶具、炊具、锁具、室内灯具、室外灯具等。

③ 三级分类，如洗衣机、平板电视、电风扇、电磁炉、台灯、吸顶灯等。这类关键词部分自然搜索排名较高，但与产品型号关键词相比只能算是中等偏下水平。由于三级分类关键词相对于一、二级分类更为精准，所以在 SEM 方面也要有部分投入，力度同属中等水平。

（2）产品型号关键词，如奥普清风系列浴霸 S518A、维科家纺全棉华夫格四件套 5T4-TD63 碧海清风等。这类词的 SEO 效果好就无需投入过多竞价，只有少部分相对热门产品而言自然排名不是非常靠前的词才需要做相应的竞价排名。

（3）品牌关键词，如九阳、寇姿、多乐士等。这些页面也有许多种类，有产品页、评价页、秒杀页等，对这些页面的 SEO 情况研究有助于对其他网站的优化。

以下几种关键词主要针对 SEM，相对于上面 3 类关键词，需加大 SEM 投入力度，力争排名靠前。

（4）自身名称及竞争对手名称相关的关键词，如家居商城、商城、齐家、和家等。

（5）品牌产品综合关键词，如安蒙卫浴、九阳豆浆机、皇冠家纺等。

（6）购物类关键词，如购物、网购、购买、如何购买卫浴产品、网上购物网站哪个好等，这类关键词应该是核心词的广泛匹配。

（7）产品品质描述关键词，如正品行货、实惠、全国联保、货到付款等。

（8）优惠信息关键词，如折扣券、礼品卡、打折卡、特价、秒杀、促销、抵免现金、免运费、全场包邮等。

关键词在分类（列表）页、详情页的安排技巧：产品分类页突出分类名及相关长尾词，产品品牌页突出品牌名和相关搜索词，详情页突出产品名和相关搜索词。

图 3-1 所示是京东产品分类页的 SEO 策略。

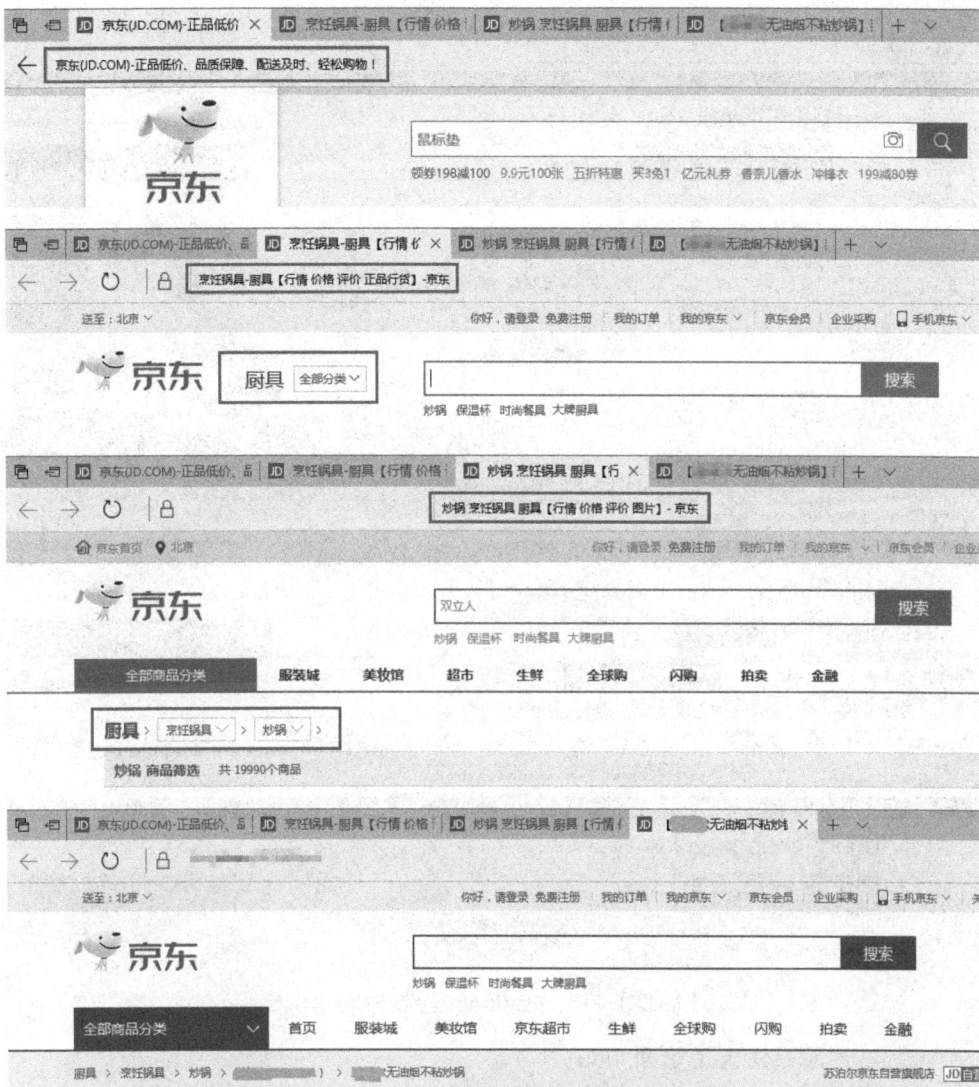

图3-1　京东页面SEO

图 3-2 所示是 Lightinthebox.com 页面 SEO。

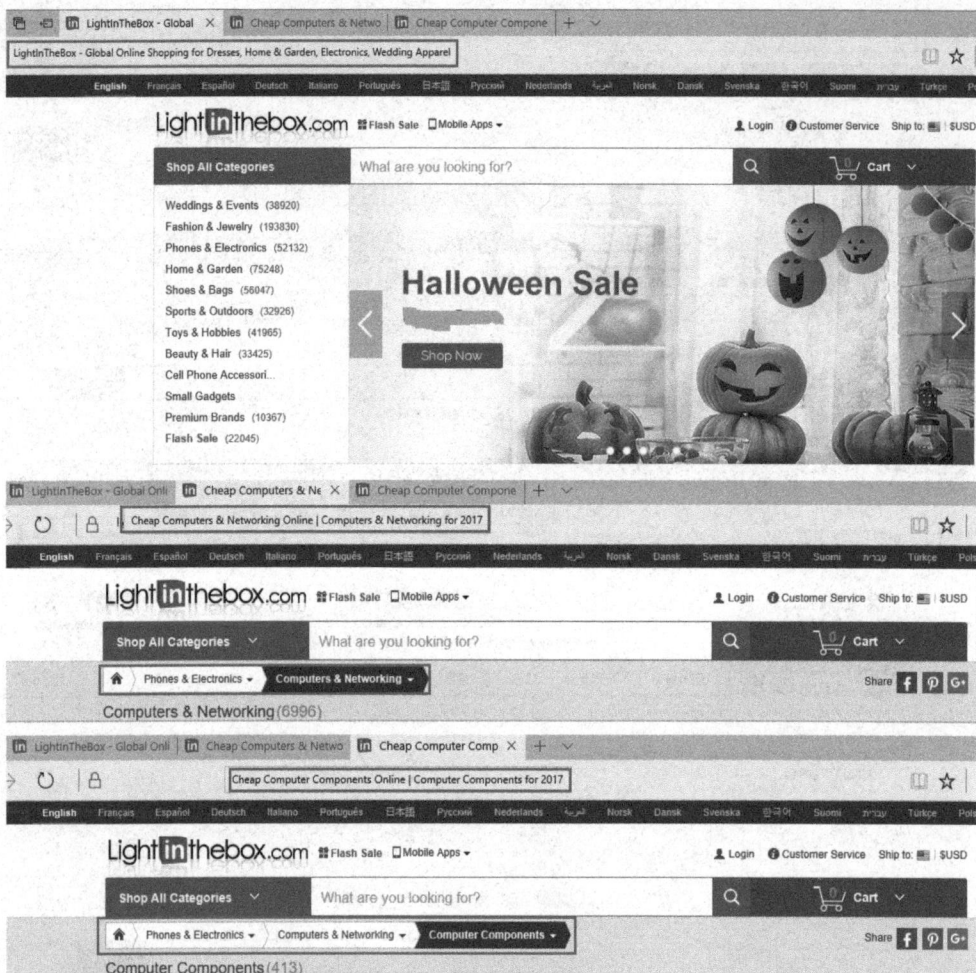

图3-2　Lightinthebox页面SEO

图 3-3 所示是房天下页面 SEO。

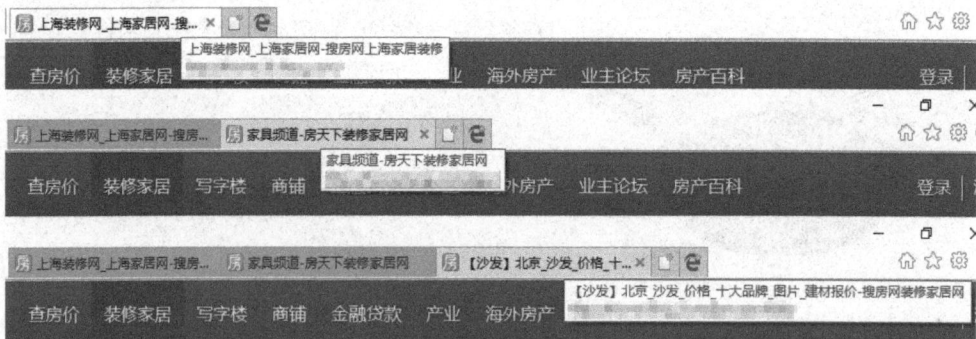

图3-3　房天下页面SEO

图 3-4 所示是房天下品牌页 SEO。

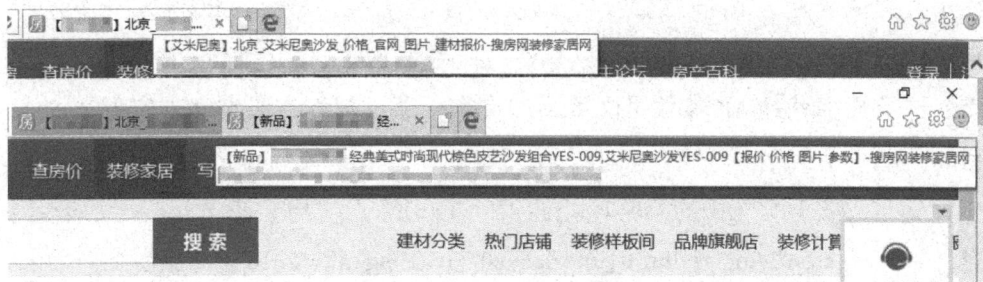

图3-4　房天下品牌页SEO

3.1.3　产品分类页的 SEO 技巧（调用同类热销产品、同类相关信息）

在产品分类页中，SEO 的一个很重要的技巧就是调用关键词相关的热销产品，同时页面能适当调用关键词相关的信息，原因如下：相关产品 / 信息会出现对应的关键词，有益于增加页面的关键词密度；同时，相关产品 / 信息会引导访客进行深度访问，增加页面点击率，如图 3-5 所示。

图3-5　京东产品分类页SEO

3.1.4　产品详情页的 SEO 技巧（将图片 Alt、文字写到网页中）

在一些网页结构中，图片是页面的重要内容，SEO 处理主要依赖 Alt 参数，即可以通过在图片中设置 Alt 参数，来实现 SEO 的目的。Alt 参数一般可以使用关键词或者一句简短的话，当然使用的这句话最好隐含 SEO 需要传达的信息。打开图片所在页面，然后将鼠标移动到图片上时，图片上会自动显示一行文字，这行文字就是 Alt 参数里面用到的文字，通过规划这段文字来实现 SEO 的目的。

Alt 参数在代码里面的实现方式是：在 alt="alt 内容 " 时，在双引号里面编辑内容，如 <img src="../images/html_tutorials/2015lv01.jpg" alt="2016 南方旅游 ">。

Alt 可以是关键词或者一句话，主要是与图片相关的信息，最好把关键词放到 Alt 参数里面，尽量精准。

3.2 大型门户网站新闻频道 SEO 设置技巧

大型门户网站，特别是新闻类网站，很难通过人工方式对单个网页进行逐一编辑，达到 SEO 最优化，更多的是通过一些系统性的 SEO 设置来完成批量的优化部署，实现增加锚文本、降低相似性等目的。

3.2.1 自动锚文本的 SEO 设置技巧

一般大型网站目标推广的关键词有成千上万个，甚至数十万个。但是，核心关键词一般保持在 100 ～ 500 个，SEO 需要确保这些关键词 90% 都排在搜索引擎前三的位置。

如何操作才能确保大规模的关键词在主做的搜索引擎整体获得好的排名呢？站内锚文本技巧性实现是非常重要的工具和方法。所谓技巧性实现，即由 SEO 工程师定义好关键词和对应 URL 的文件，交由技术人员开发，实现在整站新闻详情页文字中，遇到设定的关键词时，自动为该关键词添加超链接，链接到对应的 URL 指定页面，因此，可以说技巧性实现即对特定的关键词通过技术手段实现自动锚文本的方法。

通过技术方法实现批量锚文本有很多好处，列举如下。

（1）降低了手工操作生成锚文本的复杂性，特别在大型新闻网站中，如果要手工编辑锚文本，需要培训和指导大量的编辑，这其中协调和检查的工作量非常大，而通过技术手段能快速提高效率。

（2）即使不考虑效率，手工编辑也容易有偏差，而技术方法实现能保证不偏离。在人工编辑锚文本的过程中，关键字 A 对应的 URL 可能会指定成关键字 B 对应的 URL，导致对关键字的推广目标不能始终如一，不能获得最大化 SEO 效果。

3.2.2　使用 Iframe 降低页面相似性的 SEO 技巧

在大型新闻类网站详情页的右边，都会固定调用一些整站统一推广的内容，这些内容往往是整站的重点，对整站的各个详情页进行引流。在站内推广或者统一推广重要内容的时候，这个运营手段能起到事半功倍的效果。

但是，这样固定调用统一内容的做法在 SEO 上有一定的危险。

- 因为站内多个甚至每个页面都存在同样的内容，整个网站的页面相似性大大增加。
- 对于这些调用相似内容过多的页面来说，这些相似的内容会冲淡本页面核心内容的关键词排名，降低关键词密度。

那么，如何解决这个问题呢？通常的 SEO 理论认为，使用 Iframe 是一个很好的办法，即把整站调用的内容写到一个或者少数几个 Iframe 中，然后在页面调用的时候，直接调用 Iframe 结构。因为搜索引擎很难搜索 Iframe 中的内容，因此这样既能起到整站给重点区域引流的作用，又能在 SEO 方面降低整站调用导致的相似性风险和密度风险。Iframe 的一般设计样式如图 3-6 所示。

除了多页面调用导致的相似性风险外，搜索和排列条件组合出来的页面也可能导致页面的相似性风险。

例如，下方通过选择任何一个条件组合，可以生成很多搜索结果页，如果搜索结构为 0，则大量的搜索结果页就会存在很高的相似度。如果网站的一个频道，在优化之初，其页面的相似度高达 90%，如图 3-7 所示。

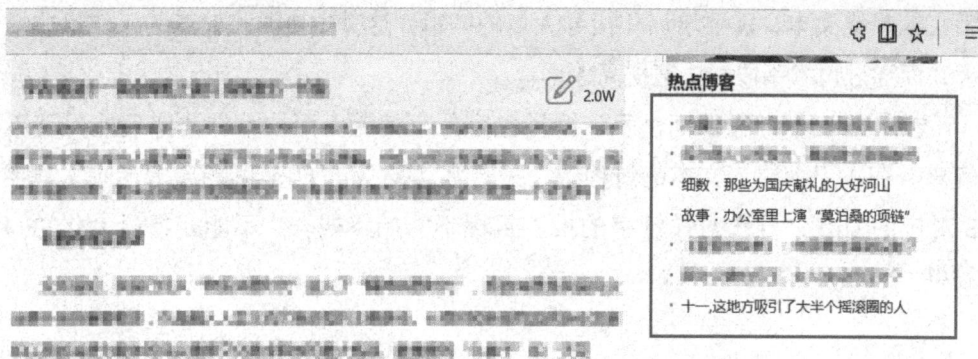

图3-6 Iframe的一般设计样式

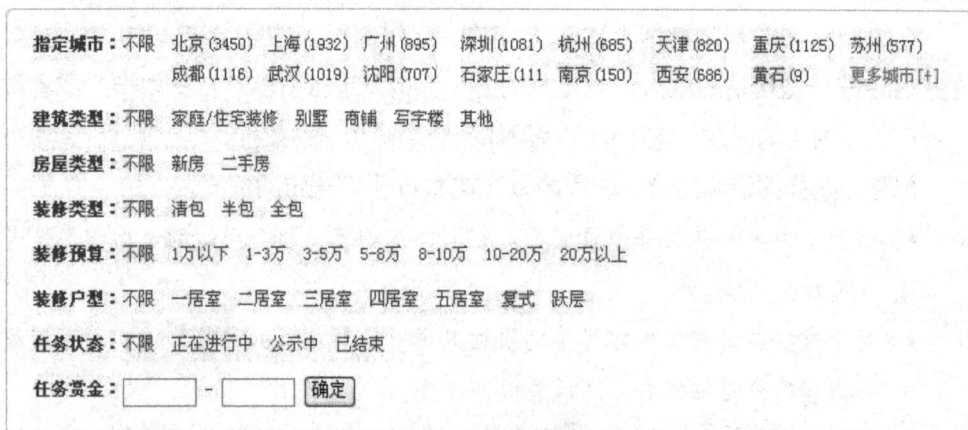

图3-7 搜索结果页

如何解决这种因为通过组合条件搜索出来的页面相似度很高的问题呢？ SEO 的解决办法是在结果提示中增加区分度。如果没有搜索结果，则自动调用与搜索条件相关的内容，从而增加每个页面的区分度。

处理方式如图 3-8 所示。

在图 3-8 中，搜索结果页提示"非常抱歉，没有找到符合'黄石＋复式'的设计任务信息！建议您适当减少搜索条件，扩大搜索范围，比如：黄石 复式"，巧妙增加了关键词。另外，在推荐设计任务位置——黄石设计任务这里，调用的都是关键词相关的任务。通过这两个设置，每个搜索结果页均有了一定的区分度，相似度大大降低。

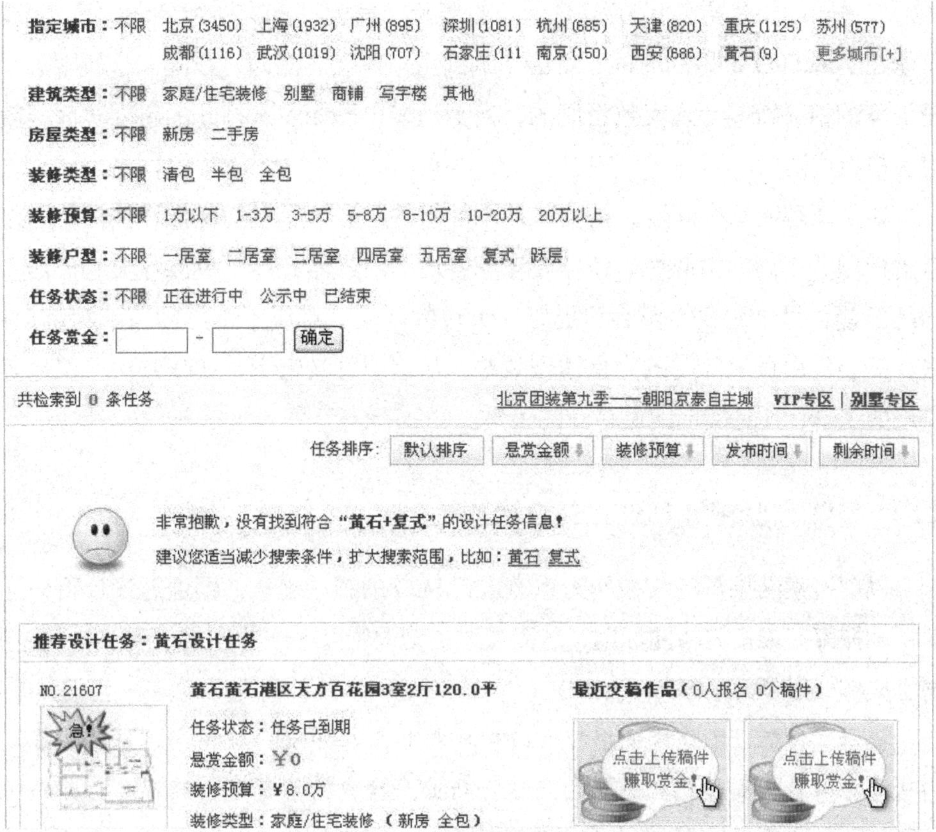

图3-8　搜索结果页

3.2.3　自动匹配关键词调用新闻的 SEO 技巧

大型新闻类网站的内容非常丰富，某个主题的新闻还可能有大量的相关新闻，如何利用好相关新闻，除了考虑用户体验外，页面 SEO 领域也是需要重点考虑的。

通用的 SEO 做法是在新闻下方显示相关新闻，此相关新闻主要通过关键词匹配得出。比如当前新闻是 2016 年春运火车票一票难求，设置了关键词春运火车票，则系统自动在新闻信息库里面，查询关键词同样设置了春运火车票的新闻，然后选取 5~10 条进行显示。

对于用户来说，在看完一篇新闻后，能看到更多的相关新闻，对新闻进行深入分析，极大地提高了用户体验。对于搜索引擎来说，则大大提高了页面内容的集中度，提高了关键词密度，有利于关键词排名。

但是，如果这类调用在相关新闻的选择推荐上没有识别到客户的真实需求，可能在实现 SEO 效果的时候，就会影响到用户体验。例如，在同一个新闻下，假设推荐的相关新闻都是大致雷同的，甚至是客户已经多次打开的新闻页面，就会对客户造成困扰。

如果要解决这个问题，需要和技术部门多沟通，尽量优化推荐技巧，不仅要考虑标题关键词的相似性，还需要考虑客户的用户体验，尽量推荐关联但是不雷同的新闻，尽量避免推荐客户已经阅读过的新闻。这属于推荐领域的深度应用，SEO 需要借助技术部门的力量达到效果，从这个意义来说，SEO 方法不仅是实现流量的工具，还是实现网站目标的工具。

3.2.4　警惕：利用搜索结果页 SEO 属被打击行为

以前搜索结果页经常被作为重点进行 SEO 的领域之一，即通过设计页面标题等自动搜索汇聚相关新闻标题，从而通过关键词密度匹配的方式实现 SEO 的目的。这类操作一般是为了 SEO 而 SEO。

提示：目前，不建议使用搜索结果页来重点实现 SEO 的目的，基于实践，我们认为很多搜索引擎已经开始打击这个行为。搜索结果页是已经存在内容的一个汇聚页面，主要是标题和描述的汇聚页，本身没有任何原创的内容。这是打击利用搜索结果页 SEO 的原因。

我们来剖析一下利用搜索结果页 SEO 的一般做法。

（1）形成无数的以某个关键词为基础的汇聚页面，页面的关键词密度比较高。

（2）可以利用任何关键词进行搜索，形成任意想要的关键词页面。大型门户网站一般在频道、栏目等方面有严格的规划，不一定能覆盖全部高流量的关键词，因此，通过搜索结果页汇聚页面的方式，把这部分流量引过来。门户网站的权重高，搜索结果页的权重也比大部分小网站的首页好。这是不能丢掉的引流渠道，曾经有很多门户网站采用这样的方式吸引流量。但是，如果搜索结果页内容相关性不高，容易遭受惩罚，百度说明如图 3-9 所示。

一般通过搜索结果页优化的方式：以搜索关键词组合的搜索结果页，汇聚了大量的相关文章。同时，通过在标题、搜索结果数量显示等地方增加关键词，让页面的关键词密度非常高，曾经在百度获得了很好的排名，带来可观流量，但是目前已经进入百度打击的行列，建议慎重，如图 3-10 所示。

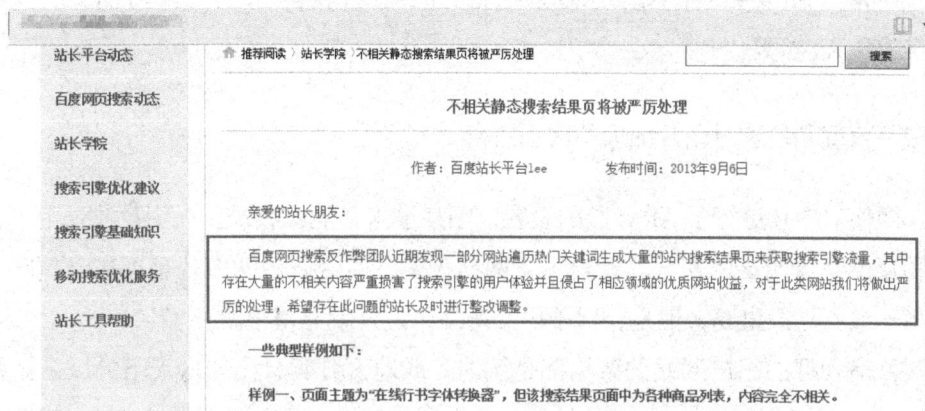

图3-9　百度关于搜索结果页优化的提醒1

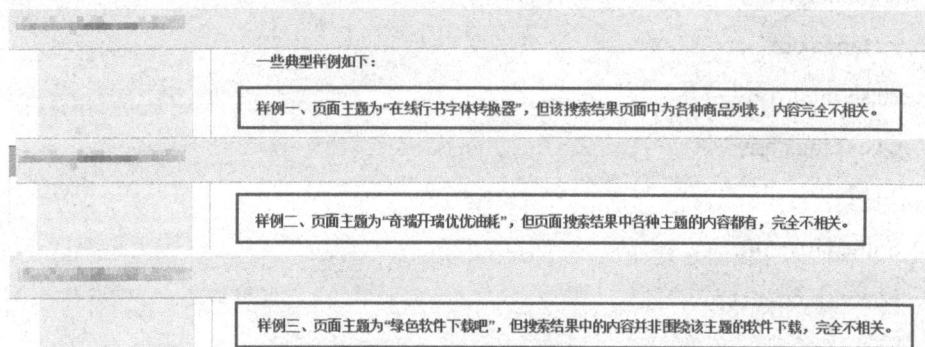

图3-10　百度关于搜索结果页优化的提醒2

3.3　大型图库 SEO 设置技巧

在互联网网站中，有一些专营图片的网站，俗称大型图库。大型图库在 SEO 的设置上需要格外用心，因为和一般页面的 SEO 设置不同，图库的 SEO 设置需要使用较多的自动调用功能。

3.3.1　图片 SEO 参数设置

图片的 SEO 对于具有大量图片的网站来说非常必要，因为图片能带来大量的流量。图片的 SEO 技巧是增加 Alt 参数，Alt 参数的设置举例如下。

<img src="88e1f88.gif" alt=" 建材 " width="198" height="24" border="0"/>

设置了 Alt 参数后，将鼠标移动到图片上，图片将会自动弹出文字提示，这串文字就是 Alt 参数。

3.3.2　百度和谷歌对图片抓取的区别辨析

即使对图片进行了 Alt 参数的设置，图片也未必能被收录。在图片收录上，谷歌和百度有着明显的差异。针对英文网站来说，前台调用的图片是否和当前网站域名一致不是很重要，但是，对于中文网站来说，就显得很重要了。

目前大型的门户网站的架构都是按内容或地区分类，比如房天下的域名结构如下。

www.fang.com

zu.fang.com

zu.sh.fang.com

zu.cs.fang.com

……

home.fang.com

home.sh.fang.com

home.cs.fang.com

……

newhouse.fang.com

newhouse.sh.fang.com

newhouse.cs.fang.com

……

新浪的域名结构如下。

www.sina.com.cn

jiaju.sina.com.cn

sh.jiaju.sina.com.cn

cs.jiaju.sina.com.cn

……

一般顶级域名下所有的图片都存放在一个资源文件夹中，其他的子域名网站均从这个图片资源文件夹里调用。这样做的好处是能从整个公司的角度来节省管理和存储的资源，但是对于前台考核来说不是很公平，因为子域名网站的 SEO 很难通过图片从百度吸引来流量。

3.4　论坛 SEO 设置技巧

3.4.1　论坛列表页 SEO 设置技巧

在论坛优化方面，对论坛列表页进行 SEO 是一种非常重要的方式。论坛列表页 SEO 的主要目的是引导蜘蛛爬行到每个帖子，增加被收录机会。为了实现这个目的，SEO 方面有三个关键的技巧。

（1）在列表页可以对帖子进行分类，将论坛相关长尾关键词部署在论坛列表页。这样做的目的有两个：一是可以提高用户体验，读者可以快速找到对应话题；二是提高长尾的曝光，增加锚文本效果，如图 3-11 所示。

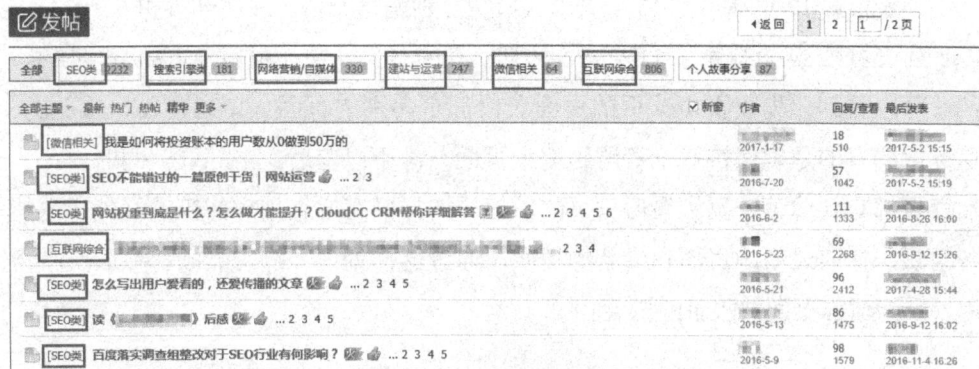

图3-11　论坛列表页SEO 1

（2）在论坛列表页增加到达每个贴子的链接，引导蜘蛛快速到达每个详情页。比如图 3-12 中每个帖子都有很多回帖的页面，通过在列表中链接每个帖子回帖的页面，可以帮助蜘蛛抓取每个帖子的页面，增加被收录机会。

（3）帖子分页切换，重复交替处理。列表页的分页显示非常有讲究。我们来看一下图 3-13 所示列表页的显示。

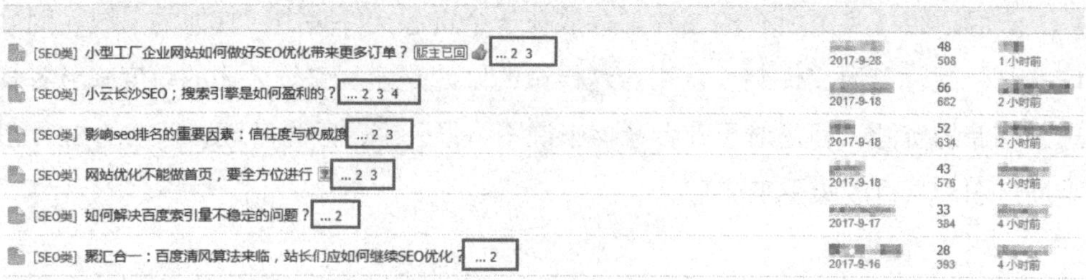

图3-12　论坛列表页SEO 2

图3-13　论坛列表页SEO 3

列表页第 1 页显示了 11 个页面入口，分别是 1 到 10 和最后的页面。

列表页第 10 页显示了 11 个页面入口，分别是第一页、最后一页和 6 到 14。

列表页第 14 页显示了 11 个页面入口，分别是第一页、最后一页和 10 到 18。

可以看到，列表页每一页的页面入口都是和别的页面入口有交叉、重叠的，这样做的目的是确保蜘蛛不管爬到哪个页面，都可以前后左右抓取。同时，每个列表页都有到达第一页和最后一页的按钮，这样既有增加用户体验的好处，也能帮助蜘蛛抓取最新的页面和最老的页面。通过这样处理，蜘蛛能顺利抓取所有页面，从而增加页面被收录的机会。

3.4.2　论坛 URL 的 SEO 设置技巧

在论坛 URL 优化建议上，最重要的建议是尽量将论坛 URL 静态化。静态化后的论坛 URL 更适合大部分蜘蛛的搜索原则。但是，对论坛 URL 和其他页面的 URL 来说也有共性，并非说动态 URL 就不能为搜索引擎所识别或者抓取。目前几个大的搜索引擎都可以实现对动态 URL 的分析，甚至因为动态 URL 具有某些规律性，可能会更利于分析页面的构成。因此，遇到具体问题需要具体分析。

3.4.3 论坛帖子详情页 SEO 技巧

论坛帖子详情页优化重点考虑该页面的标题。在标题的优化上，需要考虑页面标题的独特性，一个有效办法是将页面参数放入标题中。例如，该帖子位于"母婴 > 宝宝喂养"模块，那么可以在标题里面增加宝宝喂养相关关键词。另外，可以考虑将当前帖子的内容适当纳入标题中。在这个方面，需要重点考虑纳入的长度，即是否需要自动截取部分内容，如果能通过技术手段自动截取帖子的某部分内容作为标题，将大大有益于 SEO 的实现。例如，每个帖子均需要定义帖子精华摘要，同时确保摘要在 20 个字以内，那么可以通过技术手段，自动调用精华摘要作为帖子的页面标题，即设置页面 Title 参数。

3.4.4 调用过多页面 SEO 设置技巧

在大型门户网站，经常存在大量的网页是后台自动调用更新的，比如网站的频道页面。这种自动调用内容更新的网站在 SEO 方面存在以下一些弊端。

- 页面关键词无法保持一定的稳定性。比如一个页面的关键词密度设定为 3%，但是，在实际中自动调用的内容经常变化，如果整个页面的关键词密度非常大对排名非常不好。
- 自动调用的内容过多，页面变化大，一个页面频繁更新，也会给蜘蛛留下不稳定的印象。

如何解决这个问题呢？特别是对于大型门户来说，自动调用更新是必需的。有效的办法如下。

1. 减少动态调用内容

例如，原来一个页面有 5 个模块是自动调用更新的，可以减少到 3 个或者更少，这样能减少网页关键词密度的波动。

2. 自动匹配页面关键词调用

动态调用模块设计为按照关键词调用是一个保持关键词密度的方法。比如"汽车维修"这个频道页原来一个模块是随意调用论坛最新的帖子内容，从 SEO 的角度出发，可以设计为自动调用论坛最新发布的标题有"汽车维修"关键字的帖子。

3. 从框架设计上增加关键词密度

例如，增加静态文字的关键词密度，最好的办法是对页面进行优化，重新规划框架，从框架上保证关键词的密度。比如"汽车维修"这个频道页，可以设置每个模块的名字为汽车维修知识、汽车维修费用、汽车维修……这样整个页面在框架上就有了一定的关键词密度，在动态内容更新时，不会对网页的关键词密度造成很大的影响。

3.5 域名变更的 SEO 处理注意事项

如果是整体域名迁移，内容保留原样，可以采用整站 301 的方式来实现。假设原来的域名为 xxx.com，新的域名为 yyy.com，在根目录 htaccess 的写法如下。

```
RewriteEngine On

RewriteCond %{HTTP_HOST} ^xxx.com [NC,OR]

RewriteCond %{HTTP_HOST} ^www.xxx.com [NC]

RewriteRule ^(.*)$ http://www.yyy.com/$1 [L,R=301]
```

在内链处理上，域名变更后，需要确保内链均同步调整为新域名下的链接，确保内链的有效性。在这个方面，有一些现成的检测工具（如死链检测工具），可以通过触发蜘蛛批量爬行网页，将网页上的全部 URLS 抓取出来，然后自动进行分析，无法成功打开的页面即标识为死链，可以发现一个调整一个，确保内链均逐渐更新到新的域名下。

域名变更后，针对新域名，建议尽快重新启动新域名的访问统计，最简单的办法是申请新的统计代码，然后在原来页面的统计代码处，找到对应的旧的统计代码，直接更新即可。

通知友情链接相关伙伴，调整友情链接的指向。友情链接调整的好处是可以为新域名快速积累外部链接，对提高新域名的权重有很大帮助。

第4章
平台级网站的优化

大型网站的 SEO 重点在规划，一个全盘考虑的 SEO 规划方案可以在后期节省大量的人力，避免其他不必要的努力。微信等新的 SEO 领域也对 SEO 人员提出了新的课题，本章会粗略介绍一下这方面的内容。

本章需要读者关注的重点知识如下。

- 大型网站整体的SEO框架规划。

- 微信搜索SEO。

- 移动搜索SEO。

- 淘宝SEO。

- 移动端建站的SEO。

4.1 大型门户网站 SEO 框架规划

大型门户网站的 SEO 工作非常复杂，最重要的一点是：有一个统筹的 SEO，然后按照条理对工作进行分解，再按部就班实现优化目标。我们可以通过一个框架性的思考和指导来辅助这个统筹的思路，这一点对于大型门户网站的 SEO 人员来说非常关键。

4.1.1 优化的 8 个关键步骤

1. 理清楚所管理网站的物理构成：域名、业务、频道
最好用树状方式画出实际运营网站包括哪些域名。

对于大型网站来说，域名的结构是非常复杂的。这里所说的网站，实际不是按照域名结构来归属，而是从管理范围来定义网站的归属，并不是说特定的某个 .com 或者 .cn 域名类，即 SEO 的流量目标不是某个域名，而是一个大管理范畴下的域名集群。比如我们通常所说的新浪网、搜狐网等，对于普通用户来说它们是一个体系。如果你负责新浪网或者搜狐网的 SEO 工作，你必须了解它们所对应的复杂的域名结构。

2. 分析网站数据，弄清楚网站流量的核心流量所在域名、业务、频道
所谓抓大放小，即对于大型网站来说，尽管网站有多个域名、频道，但是网站流量的重要来源往往依赖某几类域名或者某几个频道，并不是全站页面都具有同等的流量贡献。因此，作为 SEO 人员，必须首先了解网站的流量构成，这样才能有针对性地进行优化。以下问题可以帮助我们进一步分析网站的流量数据。

- 哪个域名收录最多？
- 哪个域名流量最大？
- 哪个域名SEO流量占比最大？

在域名下，可能会细致到频道的层面，关于频道，问题修改如下。

- 哪个频道收录最多？
- 哪个频道流量最大？

- 哪个频道SEO流量占比最大？

频道会涉及业务，问题继续修改如下。

- 哪个业务收录最多？
- 哪个业务流量最大？
- 哪个业务SEO流量占比最大？

3. 分析目前网站流量和理想流量的目标差异——定目标

对于正常运营的大型网站，特别是新闻类网站来说，来自搜索引擎的流量占到总流量的 30% ～ 50% 算比较正常，如果数据显示，来自搜索引擎的流量非常明显地低于 30% 的占比，我们可以初步判断该网站在搜索引擎的优化上存在巨大空间。

当然，在分析流量来源的时候，需要区分是通过广告引来的搜索引擎流量，还是自然搜索带来的流量。一般我们认为，自然流量要占到 20% 以上才是健康的流量构成。

有了明确的数据和相对明确的目标，我们就可以对 SEO 的工作提出比较明确的要求了。比如，如果当前整站流量为每天 30 万 IP，通过搜索引擎自然搜索过来的流量占比大概为 10%，即只有 3 万，那我们可以初步评估这个流量构成是不够健康的。通过合理的 SEO，完全有可能将此比例提升一倍以上。那么，目标就很明确了，就是通过搜索引擎将自然搜索的流量提升到占比 20% 左右，即来自搜索引擎的流量至少每天要在 6 万以上。

4. 启动现状监控——定基准

在目标一定的情况下，需要对 SEO 进展进行持续的监控，辅助对方案进行调整，对数据监控主要包括对以下数据的详细监控：关键词排名（前 3、前 5、前 10 的数量和比例）、收录状态（页面数、收录数、收录比）、每个频道 / 域名的流量构成和实际流量数据等。

5. 分析网站 SEO 的薄弱点——找切入口

- 哪个域名流量最低？
- 哪个域名收录最少？
- 哪个域名SEO占比最少？

…………

6. 做方案——找对策

SEO 方案本质是对网站做一次详细的咨询或者诊疗，然后对症下药。因此，在做 SEO 方案的时候，一定要对症下药，基本方法：依据前述思路，对网站逐一进行梳理，然后依据数据进行分析，在分析过程中，发现一个问题就把该问题列出来，最后分析对应的 SEO 解决方案。

7. 落实

针对一个网站或者一个大频道的 SEO，建议一次性完成线上修改，一次性上线。一次性调整完毕的好处是能减少网站的不稳定性。然而，一次性上线也有不好的地方，因为批量上线后，后续流量的效果不能完全区分出是因为哪个 SEO 新策略带来的，只能按照收录、排名、流量进行粗略评估。

8. 监控——监控实际效果和目标效果的差异

在 SEO 方案上线后，必须持续采集数据，并对 SEO 方案的效果进行评估。在评估 SEO 效果方面，一般采用对比分析的方法，通过优化前的基准值对比优化后的效果（收录、排名、流量），可以评价优化的效果。比如取优化启动前 2 个月的平均流量和优化方案上线后第二到第三个月内容的效果进行评估。之所以要取优化后的第二个月和第三个月的数据，而不是优化后的第一个月和第二个月的数据，是因为优化上线后，搜索引擎重新抓取、建库需要一段时间。

在对 SEO 方案效果进行评估的时候，需要对特殊时间段的数据进行剔除，其中，节假日是一个重要的剔除考虑因素。比如对于大多数网站来说，春节流量会有一个巨幅的回落，如果刚好春节前不久完成优化落实，在做评估时，要考虑剔除春节的时间段，不然评估结果就失去了意义。

4.1.2　集中解决 3 类问题

不同的网站，存在不同的 SEO 问题或者说难题，需要具体问题具体分析。尽管网站有差异，但是很多问题具有共性，大致可以归为以下 3 类。

1. 收录类

收录相关问题具体细分：①网页没有被蜘蛛抓取；②网页明显有蜘蛛抓取的记录，但是一直没有被收录；③网页显示已经被搜索引擎收录，但是网页在搜索引擎的快照显示快照已经很久没有被更新了；④其他收录相关问题，如收录页面显示不全等。

如果通过数据分析，确认网站确实存在页面收录问题，就需要考虑优化收录的 SEO 方案。在收录优化上，需要重点考虑如下原因。①未收录页面是否 Robots 禁止蜘蛛爬行？②未收录页面是否存在 URL 友好方面的问题？③未收录页面是否在网站结构中隐藏过深，蜘蛛无法爬行？④站内锚文本是否没有安排，因此页面权重过低？⑤未收录页面内容是否原创度不够？⑥未被收录页面是否因为存在重复页面，导致没被收录？

2. 排名类

排名类的问题可以细分如下。

- 网页部署的关键词在搜索引擎的排名之前良好，现在完全消失。
- 网页部署的关键词在搜索引擎尚有排名但是排名不好。
- 网页部署的关键词在搜索引擎排名不稳定，名次上下浮动很大。

遇到排名类问题，需要重点考虑以下原因。

- 关键词是否没有进行合理部署，即关键词是否合理安排在标题、导航、Meta参数、内容等？一般来说，一个页面最重要的SEO区域就是标题、导航、Meta参数、内容，如果没有进行很好的设计，就可能达不到想要的SEO效果，因为这些区域的信息是搜索引擎判断网站内容的重要参考。
- 页面所部署的关键词设计是否存在堆叠？如在标题、导航、Meta参数、内容等区域进行重复，比如在标题里面，同一个关键词多次重复容易被判定为恶意欺诈搜索引擎排名系统。
- 页面所部署的关键词是否竞争过于激烈？如果是这样，新加入的词汇未必能在短时间内见效。
- 页面所部署的关键词是否最近反复多次调整过（调整指被去掉、说法修改、密度调整等）？如进行了反复的调整，搜索引擎需要对这个页面的权重重新评判，存在不稳定状态。
- 标题、导航、Meta参数、内容等区域设置的关键词是否和页面内容相关？如果关键词设置和当前页面内容不相关，排名低就很正常，甚至会被判定为恶意欺诈搜索引擎排名系统。

- 页面所部署的关键词的密度是否足够？一般建议密度要在1.5%以上。

3. 流量类

网页关键词有不错的排名，但是流量不好，这可以归为流量类问题。在流量优化上，尽量不要影响到页面收录和关键词既有的良好排名，流量优化的重要考虑方向如下。

- 页面所部署的关键词是否过于长尾，本身搜索数量就很少？这样可能会出现排名很好，但是流量很少的情况。
- 页面所部署的关键词是否季节性比较强？如当前页面主要优化的关键词是与鞭炮相关的，非节日时段肯定搜索量偏低。
- 页面所部署的关键词是否没有考虑组合词汇，这样即使关键词排名很好，但是没有帮助相关词汇一同上升，单一关键词引流效果不一定显著。
- 当前网页是否存在稳定性问题，如果网页不稳定，即使关键词排名不错，但是能真正访问到该页面的流量还是很少的。
- 网站速度是否存在问题，如果网页打开耗时比较长，大部分的用户会选择关闭。
- 其他流量问题等。

在对网站进行分析的时候，针对发现的每个问题，需要做好详细描述，然后有针对性地提出具体的、可行的解决方案，并且需要评估该方案可能带来的影响和影响时间。比如发现关键词的设置不够优化，建议修改标题并对页面关键词进行重新排布，这种情况下，SEO 需要考虑如下问题。

- 频繁修改关键词，是否会有惩罚？
- 修改标题后，重新进入排名，大概时间是多长？
- 如果关键词排名上升到特定位置，大概日均搜索流量有多少，引来的人数大概有多少？

4.2 微信搜索 SEO

作为移动端的重磅级应用，微信已经获得了庞大的用户群，影响力非同凡响。正因为拥有庞大的用户群，微信蕴含着巨大的商业价值。作为 SEO 人员，如何利用微信进行推广，是一个值得研究的问题。

目前，微信的搜索体系支持两种模式，一种是在 App 端触发的搜索应用，一种是通过搜狗网站进行的微信搜索应用。

4.2.1 在 App 端搜索

在 App 端，微信搜索支持搜索朋友圈、文章、收藏、餐厅等。

实际上，通过微信搜索功能，在结果中会展示关键词匹配到的公众号、聊天记录匹配到的内容、收藏夹匹配到的内容、本地生活匹配到的内容、文章匹配到的内容，详细如下。

- 朋友圈搜索：以当前朋友圈的聊天记录作为搜索的基础，通过关键词匹配的方式展现搜索结果。
- 文章搜索：在微信的内容库中搜索相关文章，按照关键词相关度等方式进行匹配，结果会展示在微信搜索结果页中。
- 收藏：在收藏的内容中进行搜索。
- 餐厅：搜索本地应用，默认展示距离当前搜索地点最近的餐厅。比如搜索"毛家菜"，微信会自动搜索，展示距离当前位置最近的毛家菜餐馆。

在 App 端，还有一种方式可以归于搜索的应用，就是添加朋友，通过微信号、QQ 号、手机号等进行搜索，找到相关的微信号 (个人、公众号等)，如果是精准匹配且唯一的搜索结果，会直接跳转到关注页面，可以一键关注，非常方便。

微信号是登录微信时使用的账号，支持 6 ~ 20 个字母、数字、下画线和减号，必须以字母开头。微信号是系统中的唯一识别号，可以通过微信号进行搜索。微信和 QQ 一样有昵称，但是目前微信不支持昵称的搜索。

通过微信号搜索，每次最多呈现 20 个结果，因此，能否出现在前 20 个搜索结果里面非常关键；通过 QQ 号、手机号进行搜索，一般都是直接跳转到对应微信号的关注页面，实现直达，因此，很难进行 SEO。

那么，能否实现当用户搜索某个微信号的时候，能让做了 SEO 的微信号排在结果的前列，就显得很关键，因此，需要了解微信号在搜索中的排序规则。

从测试结果来看，微信号的搜索排序和以下信息有关。

- 文本相关性：包括微信号的名称和描述。

- 精准匹配：精准匹配的结果会直接跳转到关注页面。

- 权威性：是否权威的网站，比如行业的门户相关的微信号。如果是权威网站，在搜索中会获得加权。

- 认证：微信号搜索算法认证的排序规则目前有两套。第一套规则是认证账号的权重要高于非认证账号。第二套规则是认证的信息权威性（一般官方认证、权威真实认证信息的账号的权重要高一些）。所以说，优化某个关键词搜索入口排序的时候账号认证是必要的，权威的认证信息更是至关重要的。

- 粉丝数：微信号的关注数量。

- 发文阅读量：文章的浏览量。

- 发文转载率：微信号内发布的文章被转发的次数。

4.2.2 通过搜狗搜索

通过搜狗对微信文章进行检索，搜索入口如图 4-1 所示。

图4-1　搜狗的微信搜索入口

搜狗微信搜索入口提供微信号和公众文章两种搜索入口，搜狗的微信号搜索和微信 App 端的微信号搜索是两个不同的底层排序算法，用同一个关键词搜索，搜索出来的结果明显不同。我们来测试一下。

- 搜狗微信号搜索出来的结果可以翻页，找到了194个结果。而微信App端最多只显示20个结果。

- 搜狗微信号搜索出来的结果排序和微信App端搜索出来的微信号排序完全不一样。

- 展示的结果不一样。搜狗微信号搜索结果展现更丰富。

对比搜狗微信号搜索结果和微信 App 端搜索结果的不同，给予我们的启发是如果要对微信进行 SEO，可以研究一下搜狗的微信算法。

搜狗的微信算法同样考虑了相关性、热门程度等因素。

4.3　移动搜索

移动端口流量已经占到关键比例，目前赶上，甚至超越了 PC 端流量。作为 SEO 人员，必须关注和研究移动端搜索的优化。

移动端搜索和 PC 端的搜索差异非常大，因为移动端会依据人、设备、地理位置等搜索结果而有所不同。

目前在百度移动端搜索进行的展示中，会同时展示移动端页面和 PC 端页面，如果 PC 端页面在移动端体验很差，百度会进行转码。

针对移动端，可以独立开发新页面，也可以定义 PC 端和移动端的对应，即使用开放适配来完成。百度移动搜索是重要的流量来源，那么移动端搜索需要注意哪些方面呢？

首先，移动端的优化和 PC 端一样，需要注意相关性，在标题、页面 Meta 等方面注意关键词的使用。

其次，做好终端适配。终端适配方面可以设置页面准备提供给哪个终端浏览，在 HTML 中加入如下 Meta，定义为 "applicable-device" 即可。

- <meta name="applicable-device" content="pc，mobile">——定义页面在PC端和移动端都可以查阅。

- <meta name="applicable-device" content="pc">——定义页面在PC端可以查阅。

- <meta name="applicable-device" content="mobile">——定义页面在移动端可以查阅。

最后，做好地理位置的定义。移动端最重要的服务是基于地理位置的服务，在搜索结果上体现在结果的召回考虑了地理位置因素，例如，你站在中关村大街，然后用移动搜索查找一个服务，比如餐馆，你可以看到，搜索结果里面提供的大部分是中关村附近的餐馆。那么作为 SEO 人员，怎么利用这个功能呢？首先，需要对网页进行地理位置信息的标注。

地理位置信息的标注主要是通过 Meta 的 "location" 进行实现的。该 Meta 放在页面的 <head> 和 </head> 之间。

这个 Meta 的定义有 3 个基本参数：provice、city 和 corrd。provice 定义省份（必需），city 定义城市（必需），corrd 定义经纬度（可选）。

4.4 淘宝 SEO

淘宝作为电商领域的大哥大，驻扎了数百万家店铺，带动数千万人的就业。作为淘宝商家，要在激烈的淘宝商圈中脱颖而出，也需要强悍的 SEO 技能或者具有 SEO 技能的专业人士辅助。因此，目前淘宝内流量之争不见硝烟，但是处处让人胆颤。基于淘宝站内竞价体系（直通车）的引流方案，对于很多淘宝商家来说，成本过大，如果通过对店铺、商品的 SEO，实现自然流量最大化，成为淘宝商家安身立命的重复因素，因此，淘宝 SEO 人员成为电商争抢人才。

4.4.1 淘宝 SEO 的特点

从通常意义来说，淘宝是独立于我们常见的搜索引擎体系的，但是，只要是搜索引擎，不管是百度，还是淘宝直通车，在搜索排名上都有一些处理上存在共性的搜索引擎问题，这正是 SEO 人员需要具备的核心能力。如果一个 SEO 人员说自己能针对百度，将关键词做到极致，但是对淘宝优化完全摸不着头脑，那么该

SEO 人员是否真的是合格的 SEO 人员应当受到质疑。对 SEO 人员来说，工作的本质都是针对搜索算法来优化内容，核心的问题都是如何识别所面对的搜索引擎的收录、排名原理，并有针对性地进行优化。

淘宝是一个电商网站，和所有电商一样，很看重商品排序、时效性等方面，这和传统的搜索引擎优化有很大不同，在淘宝内进行 SEO，必须考虑到淘宝本身的搜索引擎特色。针对淘宝进行优化，主要考虑对象为：店铺定位、产品定位、商品文字描述、监督店铺运营辅助 SEO 等。

必须有这样的思想准备：面向淘宝做 SEO，工作任务比通常的网站 SEO 更加艰巨，压力更大。一是因为淘宝数据的更新频率快，任何 SEO 的效果会非常快地体现在商品的排序上；二是商品的上架速度会非常快，特别是季节更替时节，服装类相关的商品需要批量上架，而节假日的时候，可能会需要临时批量做节假日相关的词汇，因此，速度和 SEO 精益化方案是一个不可避免的矛盾，也是电商 SEO 的一个难点。

淘宝商品的排序比百度、谷歌等搜索引擎的排序更加复杂，因为在商品的展示上，淘宝的排序区分了更多的维度。

首先，每个搜索结果上方，会按照商品的细类，增加很多的入口推荐。比如搜索"奶粉"，推荐了多个细分维度：按奶粉的针对年龄，区分为一段、二段、三段等；按照产地，区分为中国、荷兰等；还可以按照包装种类等进行细分。

在此基础上，针对搜索的结果，又进行了 5 个大的维度划分：综合、人气、销量、信用、价格。其中，价格还可以细分为：价格从高到低、价格从低到高、总价从高到低、总价从低到高 4 个切换的模式。

除了上面的区分外，还依据店铺、商品的实际情况进行细分入口，如是否旺旺在线、是否包邮、是否支持货到付款、是否支持信用卡付款、是否折扣促销商品等。

提供多元化的搜索结果入口的目的是让淘宝买家具有更好的体验，更快速地找到合适自己的商品。这种方式对 SEO 来说是挑战，也是机会，挑战在于多种不同的搜索结果入口，意味着一个商品针对一个搜索结果不可能永远霸占在首页固定的位置，可能付出很多精力抢到的位置，因为用户随机切换一个子维度，就失去了展示的可能；而机会在于因为有众多的子维度可以努力，即使做不到最好，也有展示的可能。比如如果无法在综合排序、销量排序里面做到最好，可以做信用最好的商家，可以做价格最优惠的店家等。

作为淘宝 SEO 来说，不仅是针对一款商品进行优化，还要从店铺的角度来考虑优化，而且，需要更多地和运营、客服团队一起工作。比如在节假日，如果旺旺客服在线，就意味着商品在正常营业。如果没有客服在线，那么 SEO 做得再好，也不会得到展示，如图 4-2 所示。

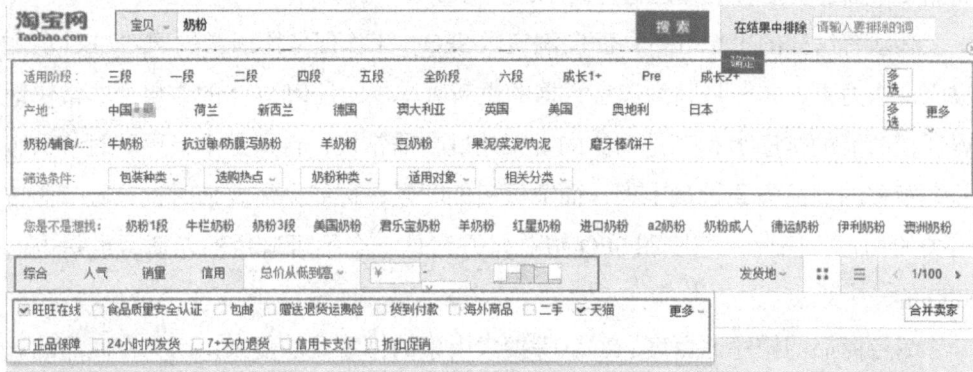

图4-2　淘宝优化参数举例

此外，淘宝的商品入口还有类目的入口，类目的入口提供了大量的分流，很多精准的客户通过类目到达类目页面后才触发搜索行为，这和百度的"视频""图片"等细分频道的概念大致相同，但是，淘宝的类目划分更多，更细。

淘宝首页中部的类目细分入口如图 4-3 所示。

图4-3　淘宝类目入口

这种多维度入口的搜索结果展现方式，要求 SEO 人员在做方案的时候要考虑多方面的因素，尽量让商品满足更多的搜索维度，从不同的搜索结果展示页面，获得展示机会。

万变不离其宗，针对其他搜索引擎的 SEO 方法可以基于淘宝的情况进行逐一调整，但是还是围绕"怎么让搜索引擎发现"这一核心。

4.4.2 淘宝 SEO 的关键步骤

在流程上可以遵循一个基本的操作规范或者思考框架对淘宝的 SEO 工作进行指导，如表 4-1 所示。

表4-1　淘宝SEO思考框架

步骤	思考内容	负面考虑
第一步	定位	
1	店铺定位	售卖商品和定位不一致，如定位时尚女装，但是主要是工装
2	产品定位	
第二步	关键词确认	
1	核心词确认	
2	拓展词	
3	考虑搜索量	
4	考虑价位特征、年龄特征、消费者层次特征	
5	考虑淘宝战略推荐词汇	
6	考虑季节性	
7	其他辅助词考虑	
第三步	围绕关键词做综合优化	
1	分词考虑	
2	主图考虑	
3	描述考虑	
4	其他综合优化考虑	

步骤	思考内容	负面考虑
第四步	确认上架时间	
1	是否抢占高峰时段考虑	
2	同时段竞争考虑	
3	其他上架时间考虑	
第五步	上架	
1	预约上架机制	
2	增加曝光机会设置 （移动端专属、积分兑换等）	
第六步	运营优化	
1	提高DSR（卖家服务评分）	刷量
2	利用新店扶持	违规宣传
		高流失率

4.4.3　如何定位店铺

关于定位，包括店铺定位和产品定位。①店铺定位确定做综合产品，还是做小而美的产品，店铺定位分为高、中、低定位等。②产品的定位包括国产或进口、价位大概范围、是否有特定的风格等。之所以要考虑定位，是因为不同的店铺定位和不同产品的定位会影响到第二步的关键词确认。

4.4.4　关键词确认

关键词确认的第一个工作就是找到核心词，比如一个儿童的套装，那么"儿童套装"就是一个核心词。

在核心词的基础上，首先要扩词。扩词的方法很多，有两个基本的方法。

（1）直接在淘宝搜索框输入核心词，看下拉列表中的推荐词。然后把推荐词当作搜索词汇，再次看下拉列表中的推荐词，通过这个办法，可以快速扩出一个备份词表，如图 4-4 所示。

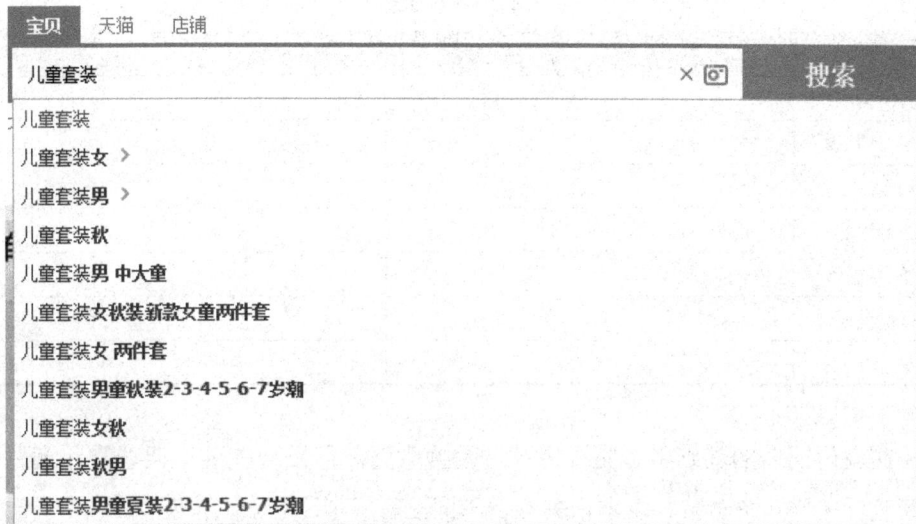

图4-4 淘宝下拉列表中的推荐词

（2）直接在淘宝搜索框中输入核心词，然后单击搜索按钮，在搜索结果页可以看到很多推荐词，这些词汇可以直接加入到备份词表中。然后点击推荐词，系统会自动再推荐相关的词汇，这样也可以很快得到一份备份词表，如图 4-5 所示。

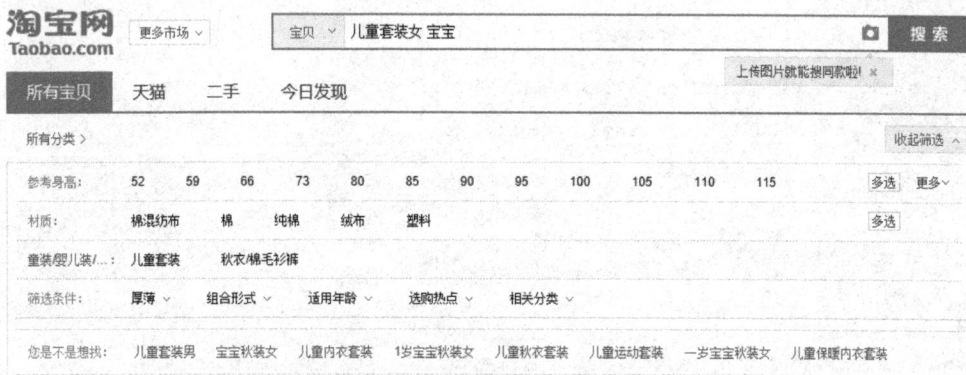

图4-5 淘宝搜索结果页的推荐词

上面两种扩词办法的好处是省时、省力，同时系统下拉列表中推荐词和搜索

结果页推荐词都是搜索量比较大的优质词汇，可保证备份词表的质量，如表 4-2
所示。

表4-2　备份词表

词汇	下拉列表中的推荐词	核心词扩展推荐词	
备份词汇1			
备份词汇2			
备份词汇3			
备份词汇4			
备份词汇5			
备份词汇6			
……			

在备份词表的基础上，主要考虑的是搜索量。假设现在要上架一款儿童夏季
的套装，关于儿童套装、夏季相关的备份词汇有多个，怎么选择呢？

可以把备份词汇放到阿里指数里去查看趋势，如图 4-6 所示。

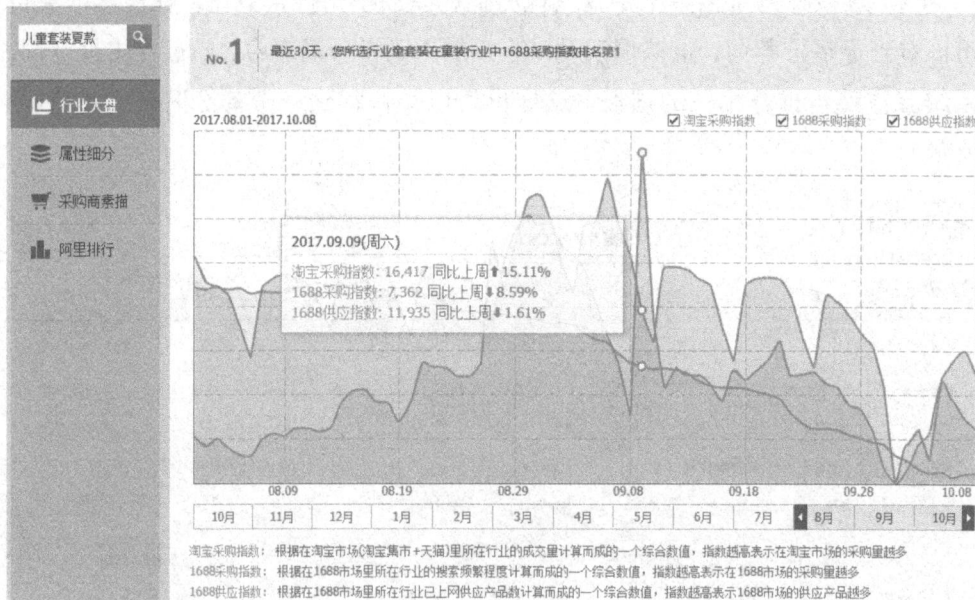

图4-6　阿里指数

对比 3 个关键词的结果：儿童套装夏款、儿童夏季套装、儿童套装夏。

把每个关键词的指数信息填入备份词表，我们的备份词表可以更改为如表4-3所示的样式。

表4-3　备份词表

词汇	阿里指数
备份词汇1	
备份词汇2	
备份词汇3	
备份词汇4	
备份词汇5	
备份词汇6	
……	

在搜索量的数据上，还可以参考其他的数据，比如生意参谋的数据、直通车里的数据，从大的方向来说是一致的。但是，普通的淘宝商家未必有生意参谋或者直通车的数据，可以用阿里指数这个免费的数据来参考，它们本质上没有区别。

在阿里指数辅助的基础上，可以进一步考虑哪些关键词最精准，这里的精准指商品的特性和目标客户的需求最为匹配。可以使用生意参谋作为辅助，订购生意参谋等的读者可以自行做详细的分析，包括对年龄、喜好、等级等的分析。

假设一款儿童套装的备份词表有 3 个待定的词汇：儿童套装定制、儿童套装韩版、儿童套装欧美。

从关键词搜索对比结果来看，儿童套装相关的 3 个词汇具有明显的客户区分。选择哪个词汇作为重点优化对象和店铺定位有关系。如果定位在高端定制，那么韩版相关词汇不太适合。如果走韩版的定位，那么欧美等词汇明显不适合，因为从衣服对应的客户来说，通过这两个词搜索引流过来的客户是区别明显的两类客户。

考虑淘宝战略推荐词，即考虑淘宝站内各种入口固定或者临时的推荐词汇，这种词汇因为不是基于搜索，而是基于淘宝网站的引导考虑，商品具有的关键词如果匹配上推荐词会产生巨大的效应。如果关键词在淘宝固定或者临时的推荐词列表中，就有可能受益于淘宝的战略引流。

固定的引导词汇所在的关键地方包括首页、类目页面。

第一个战略引导词所在地方：淘宝首页入口推荐词，如图 4-7 所示。

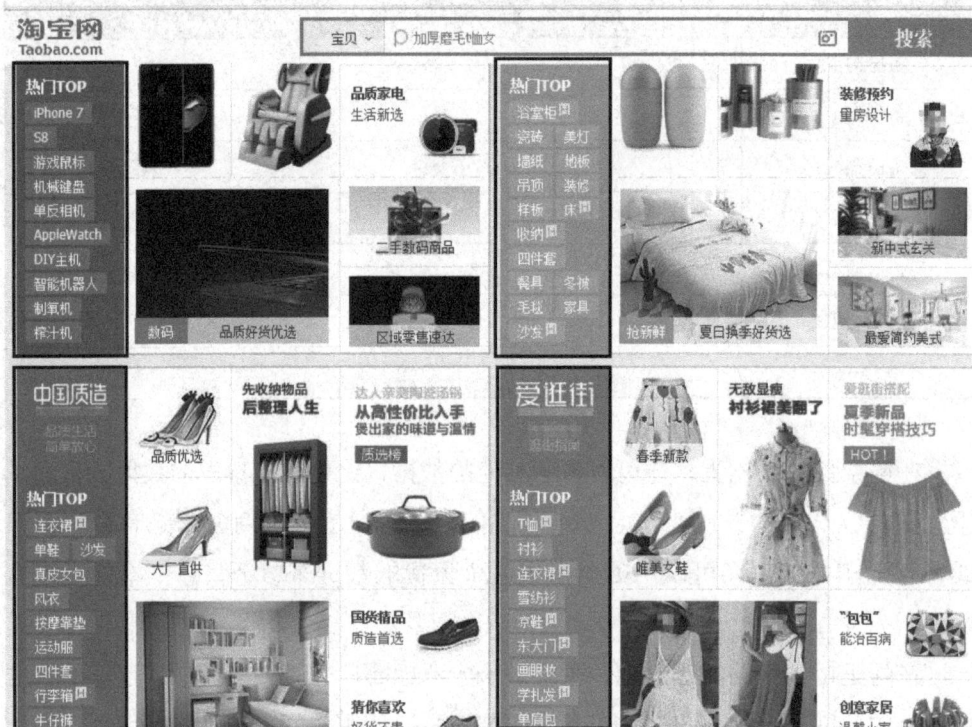

图4-7 淘宝首页推荐词

第二个战略引导词所在地方：类目首页分类，比如母婴类目下的童鞋子类目下，推荐词如图 4-8 所示。

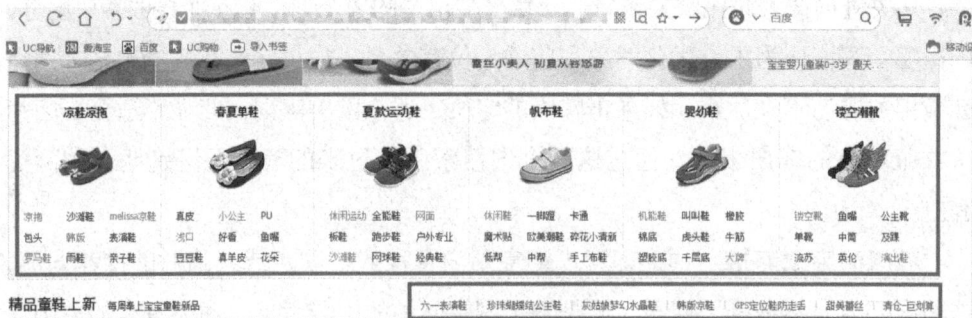

图4-8 淘宝类目推荐词1

童装子类目下的分类入口，如图 4-9 所示。

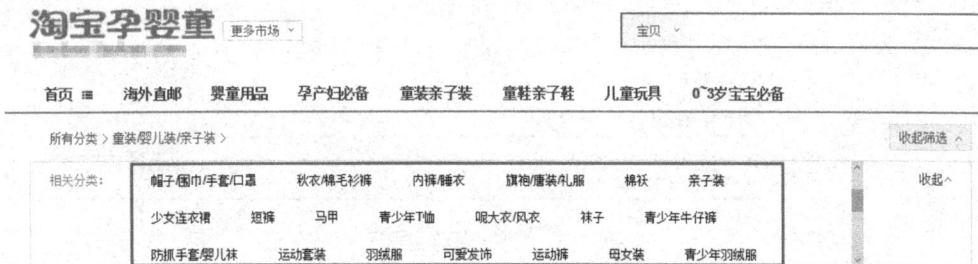

图4-9　淘宝类目推荐词2

第三个战略引导词所在地方："质 +"下的推荐词，如图 4-10 所示。

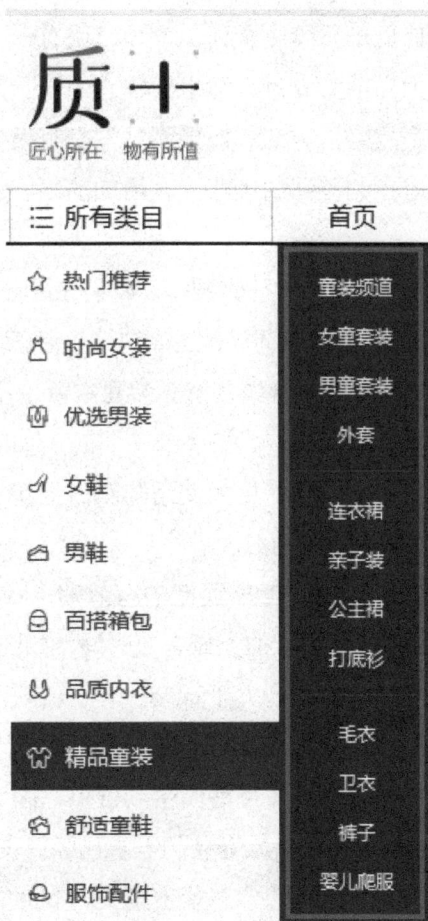

图4-10　淘宝"质+"推荐词

临时的引导词所在的关键地方包括淘宝搜索框旁边的热词推荐系统，如图 4-11 所示。

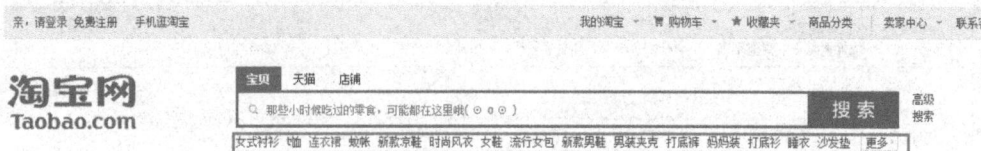

图4-11　淘宝的战略引导词

如何使用这些淘宝的战略引导词呢？

在考虑产品的关键词的时候，需要尽量匹配这些战略引导词，可以利用淘宝网的直接导流效应。

例如，我们在淘宝首页母婴模块看到，童装模块有一个特定的词出现在推荐位置并标红：演出。因为当前为 5 月，马上面临"六一"儿童节，所以，这个词作为配合季节营销的一个战略引导词。如果网站本身有很多可以作为演出的儿童服装或者鞋子，可以考虑在关键词的策略上，增加演出、六一等词汇的搭配，比如儿童六一演出裙子。

在母婴类目下的童装下分为 T 恤、套装等，我们在设置关键词的时候，一套儿童套装可以考虑纯棉、学院风等推荐词汇，比如纯棉儿童套装、学院风儿童套装等。

考虑季节性是指词汇信息中包含如儿童套装夏款新、儿童套装夏 2015 等具有明显时间特性的词汇。

一般在季节快来临或者季节初，更多使用与新、上新、新款相关的信息，而在季节末，更多使用打折、爆款等词汇。

使用季节性词汇的时候，需要考虑词汇的有效期，我们可以使用童装、春、新款这 3 个关键词看一下季节性词汇的大概有效时间，如图 4-12 所示。

从阿里指数的数据可以明显看到关于童装、春、新款这 3 个关键词有明显的季节性，一个高点是"六一"儿童节前的一段明显旺季（节日效应），此外，从 3 月开始，大概有两个月的高峰，到 4 月底回落到低点，因为从 4 月底开始，实际童装已经进入到夏季的节点，关注新款春装的需求已经消失。

不过产品的季节性需求和产品的形态紧密相关，衣服、礼物等和时间紧密相关，而通常意识里，3C 产品（计算机 Computer、通信 Communication 和消费类电子产品 Consumer Electronics 三者结合）不会明显受季节影响，实际情况怎样，大家可以按照这个方式测试一下。实际上，很多我们认为不受季节影响的产品词汇也有独特的季节性。

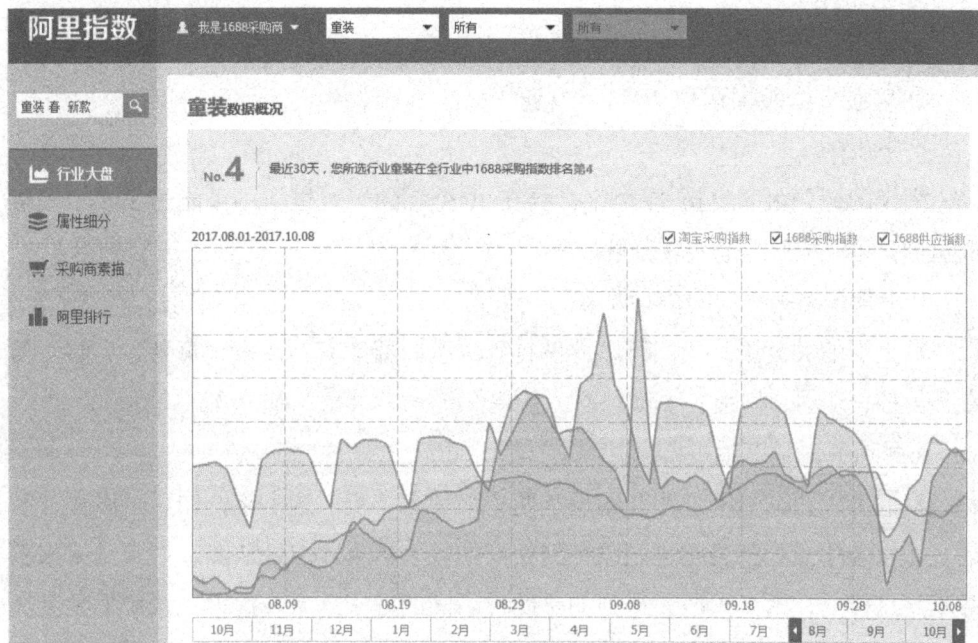

图4-12　童装指数

4.4.5　围绕关键词做综合优化

筛选出一系列的关键词以作备用后，淘宝 SEO 最后的优化都落在产品标题和描述的优化上，其中，标题是最重要的，因此，如何在一个标题里面考虑多种搜索可能，就很关键。

假设我们有多个备用的关键词或关键词组合如下。

①儿童 + 套装 + 夏。

②儿童套装夏。

③儿童套装纯棉。

④儿童韩版套装。

⑤儿童套装 + 韩版。

⑥ 儿童套装中童。

⑦ 男童套装。

⑧ 男孩套装。

⑨ 男童儿童套装。

⑩ 童装 + 套装。

⑪ 童装 + 套装 + 运动。

············

淘宝的标题最多支持 30 个字，要在 30 个字的标题里面尽可能显示多个关键词组合，可以按照几个步骤分解如下。

1. 分解所有关键词的核心要素

从上面的关键词，我们可以分解得到的核心要素有：儿童、童装、套装、男童、男孩、运动、韩版、中童、夏、夏装。

2. 能合并的词汇就进行合并

我们可以测试一下，儿童和童装两个词都有"童"这个字，如果可以合并的话，儿童装和儿童童装应该可以得到相同的搜索结果，但是从实际搜索结果来看并不是这样的，两个词搜索得到的是两种不同的搜索结果。搜索儿童装的显示结果明显优先于完全匹配儿童童装的显示结果，而儿童童装的搜索结果默认"儿童"和"童装"两个词是分开的，如图 4-13 和图 4-14 所示。

图4-13　儿童装搜索结果

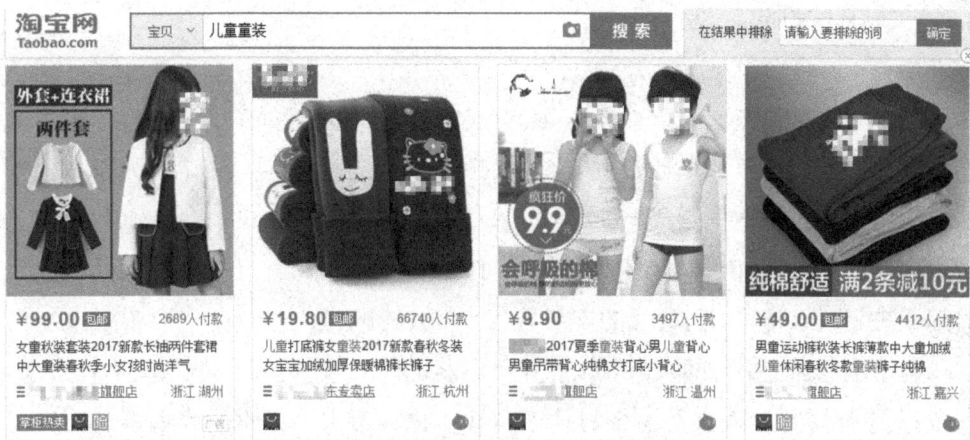

图4-14 儿童童装搜索结果

3. 尝试组合核心要素

例如标题：童装儿童套装夏男童中童运动夏装男孩韩版。

通过分析，原有的关键词都可以在标题中得到搜索的可能。在实际的淘宝标题拟定中，有 30 个关键词的位置可以使用，一定要充分用足 30 个文字，把尽可能多的关键词组合到标题中。

在分词的基础上，还需要考虑标题的吸引程度，标题要瞬间吸引人的注意力，这样才能在众多的搜索结果中更容易吸引用户去单击。比如我们可以在上面的标题基础上，加入吸引人的要素。

改进标题：童装儿童套装夏男童中童运动夏装男孩韩版 2017 新款。

在标题优化的基础上，需要考虑主图的配合。衣服、鞋子类，直接挂实物图还是真人穿着照片，差异是非常大的。主图的选择尽量匹配关键词的好处就是用户在搜索结果页更容易单击图片，提升主图单击的 CTR（点击通过率）。另外，用户进入产品详情页面以后，不会快速跳走，降低跳失率。淘宝会依据这些用户行为数据，不断去判断关键词和产品的匹配程度。

此外，产品放在哪个类目下，是一个 SEO 重点。大部分商品都有比较明确的类目，但是有部分商品可能会面临类目选择的困惑。

比如，一款情侣 T 恤衫，可以放在男装 T 恤下，也可以放在女装 T 恤下，还可以放在情侣装下，到底放在哪里应该和关键词的选择有关。如果偏向情侣的词汇，建议放在情侣装下方。

4.4.6　确认上架时间

淘宝 SEO 过程中，有一个很关键的技巧，就是利用产品的上架时间。淘宝的商品默认 7 天虚拟下架，随着下架时间的临近，商品会获得额外的搜索加权。例如，某款宝贝上架时间是周一 12：10，那么下周一临近 11：55 ～ 12：10，商品的搜索会获得额外的加权，排名就会获得明显的提升。因此，巧妙设置商品的上架时间（决定下架时间）对商品的排名具有非常大的影响。

粗略地考虑上架时间，可以按照如下思路进行。

- 考虑哪些时间点是淘宝的搜索高峰，比如周末、工作日的中午12：30～13：30、工作日晚上的20：00～22：00等。

- 考虑商品是否已经有足够的竞争力，比较简单的考量标准就是销量，如果销量累积了不少，可以考虑在热门时段上架，争抢搜索高峰时段，反之，如果销量不够，就尽量避免在热门时段和爆款商品竞争。

- 一般在产品上架初期，商品的销量比较低，尽量避免热门时段的竞争，待销量逐步累积的时候再逐步调整回热门时段，这是一个动态调整下架时间的过程。

下架时间的精细设置是一项比较烦琐的工作，如果需要做好上架的 SEO 设置，必须要做深入的分析。

作为一个店铺管理人员，如何实现精细的上架操作呢？

假设店铺里面有多款韩版的儿童套装，对于这些产品，我们经过前面的步骤筛选出来的关键词如下。

①儿童套装韩版。

②儿童套装韩。

③儿童套装＋韩版。

④儿童＋套装＋韩。

⑤儿童韩版套装。

…………

将这些关键词部署到对应的产品上。假设最后是 5 个产品分别承载了这些词，那么怎么上架呢？

对这 5 个关键词的竞争进行分析，整理出如表 4-4 和表 4-5 所示的表格。

表4-4　同时段竞争分析1

周一	竞争产品数量	平均销量	竞争爆款数量（销量>1000）	竞争优势打分
0：00～0：05				
0：06～0：10				
……				
13：16～13：20				
13：21～13：25				
……				

表4-5　同时段竞争分析2

周二	竞争产品数量	平均销量	竞争爆款数量（销量>1000）	竞争优势打分
0：00～0：05				
0：06～0：10				
……				
13：16～13：20				
13：21～13：25				
……				

从周一的数据一直整理到周日的数据。

为什么表格里面按照每隔 5 分钟的间隔来填写呢？淘宝的商品上架时，最早是 5 分钟一个间隔，但是目前已经可以精准到特定的秒，因此 5 分钟只是一个建议，淘宝具体设计如图 4-15 所示。

表格里面的数据怎么填写呢？

一个快速的办法是采用程序自动抓取。用这 5 个关键词分别去淘宝搜索，然后把每个关键词的搜索结果前 100 的结果放到系统中自动进行分析。

第一步：提取上架的时间参数。

可以直接在源码里面查询这段数据，然后解码就可以得到上架信息。也可以用现成的工具，直接调用查询上架时间。

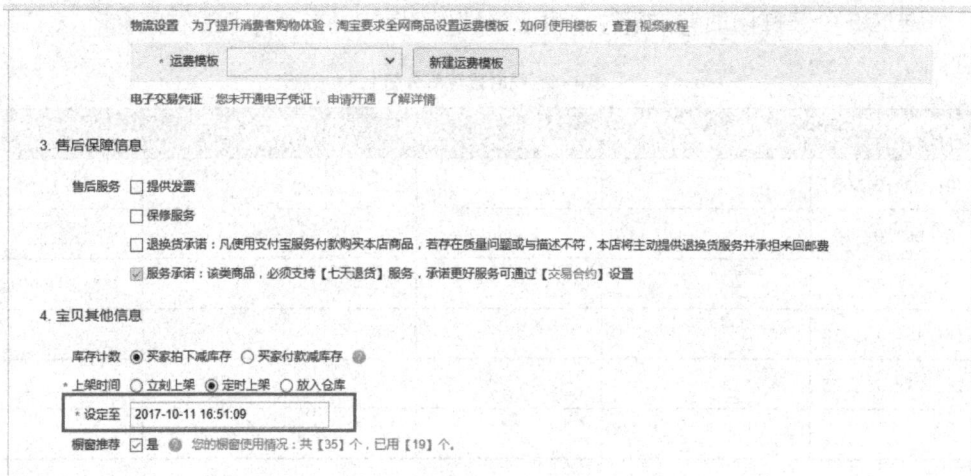

物流设置　为了提升消费者购物体验，淘宝要求全网商品设置运费模板，如何 使用模板，查看 视频教程

・运费模板　[　　　　　　　∨]　[新建运费模板]

电子交易凭证　您未开通电子凭证，申请开通　了解详情

3. 售后保障信息

售后服务　☐ 提供发票
　　　　　☐ 保修服务
　　　　　☐ 退换货承诺：凡使用支付宝服务付款购买本店商品，若存在质量问题或与描述不符，本店将主动提供退换货服务并承担来回邮费
　　　　　☑ 服务承诺：该类商品，必须支持【七天退货】服务，承诺更好服务可通过【交易合约】设置

4. 宝贝其他信息

库存计数　◉ 买家拍下减库存　○ 买家付款减库存 ❓
・上架时间　○ 立刻上架　◉ 定时上架　○ 放入仓库
・设定至　[2017-10-11 16:51:09]
橱窗推荐　☑ 是 ❓ 您的橱窗使用情况：共【35】个，已用【19】个。

图4-15　上架时间设置

查到上架时间，就可以把对应的信息填进去了。

第二步：在每个产品详情页提取销量数据。

第三步：在大表格数据的基础上，对每个时段商品的竞争程度做一个判断，得到竞争程度分析。假设我们最后拿到的是表 4-6 所示的表格。

表4-6　同时段竞争分析3

周一时间	竞争产品数量	平均销量	竞争爆款数量（销量>500）	竞争程度	流量	是否考虑作为上架时段
0：00～0：05	879	12	3	小	小	否
……						
9：06～10：10	1878	23	39	小	中	否
……						
13：16～13：20	10068	434	5	大	大	否
……						
19：21～19：25	20078	642	3	中	大	参考
……						

按照这个方法对一周的时段进行分解，就可以得到一份精准的数据分析表格，可以将那些流量中等以上、竞争程度不是非常大的时段作为参考时间。

同理，对其他的关键词也整理出这样一周数据的分析表格，筛选出适合的时间点。

依据每个关键词的适合参考上架时间，合理安排每个产品的上架时间。多个产品的时候可以合理安排每个产品上架的合理间隔，保证店铺流量的稳定。在选定每个商品的上架时间后，可以直接使用预约上架的功能定义好每个产品的上架时间。

在产品上架操作上，有很多辅助的第三方工具，可以辅助提高效率。比如进行关键词精细上架时间选择，可以使用工具实现。但是，建议尽量少用一些不是基于竞争分析的上架辅助工具，比如纯粹从均匀上架这个角度考虑的工具，因为使用这些工具进行平均上架，核心产品有可能在最糟糕的时段上架，起到负面的作用。

在产品上架这个阶段，需要很好地利用橱窗的功能。橱窗是淘宝对商品的一种加权，每个店铺的橱窗数量不一样，但是一般都是非常有限的，因此，用好橱窗是很关键的，一般将其用在新品或者核心商品上。为了更好地提升商品的搜索权重，可以采用下架时间 + 橱窗的策略，即将快要下架的商品配合橱窗推荐会获得十分不错的效果。

4.4.7 运营优化

淘宝的搜索算法非常复杂，除了下架时间、橱窗、关键词相关性之外，店铺、商品的综合表现也会对搜索排序产生影响。影响比较大的几个运营因素如下。

1. 商品描述一致性、服务评分、物流速度

在商品上架的时候，需要把握商品描述的度，尽量不要夸大其词，导致用户购买后对"描述"这项打很低的分数，即产品描述要实事求是。

服务评分包括对用户的服务、售后等各方面的评分。

物流打分要尽量高，为确保发货速度，需要选择一个合适的物流公司，因为市场上物流公司很多，大部分都能保证时效性，但是有部分物流公司确实送货比较慢。如果仅从物流费上考虑，选择了廉价但表现差的物流公司，很有可能影响到物流表现评分。

2. 尽量避免刷量

淘宝的"刷"文化由来已久，躲过侦查的刷单行为确实在某种程度上获得了快速的收益。但是，刷量是作弊，淘宝一直在严厉打击刷量的行为。作为正常运营的店铺，尽量不要参与，如果正常运营的商品不幸被淘宝认为是刷量，可以通过后端提交发货物流单等资料申请撤销惩罚。

3. 其他注意事项

在宣传上需要避免碰上淘宝打击的词汇。尽量在淘宝的新店扶持时段，把店铺或者核心商品做起来。

尽量避免引入无效的流量，比如在 QQ 或者其他地方发链接，把大量无关人员引入店铺，导致店铺的流失率大大增加。

4.5 移动端建站的 SEO 考虑

从 PC 端到移动端，运营者需要考虑是自建手机站点，还是采用响应式设计。

我们先来了解一下什么是响应式设计。

百度百科解释如下：页面的设计与开发应当根据用户行为以及设备环境(系统平台、屏幕尺寸、屏幕定向等)进行相应的响应和调整。具体的实践方式由多方面组成，包括弹性网格和布局、图片、CSS Media Queries 的使用等。无论用户正在使用笔记本，还是 iPad，我们的页面都应该能够自动切换分辨率、图片尺寸及相关脚本功能等，以适应不同设备；换句话说，页面应该有能力去自动响应用户的设备环境。响应式网页设计就是一个网站能够兼容多个终端，而不是为每个终端做一个特定的版本。这样，我们就可以不必为不断到来的新设备做专门的版本设计和开发了，如图 4-16 所示。

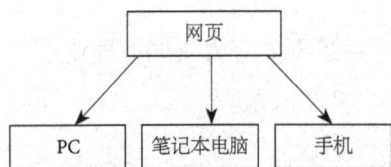
图4-16　响应式网页设计

在移动端策略上，考虑采用 App 模式还是处理为响应式，它们的差异性如下。

- 表现形式，自建站点是独立的产品形态，而响应式网站只是依据不同的客户端（手机、iPad等）响应不同的展现。
- 因为移动站点载体的特殊性，在 URL、标题、内容摘要等方面都需要调整，主要考虑的标准是数字。

从 SEO 角度分析，App 或者响应式网站都可以承担 SEO 的任务：关键词排名、流量获取。但是，在 SEO 的优化上，响应式设计和 App 各有不同的特点和优劣。

- 从内容管理方面来说，响应式网站不需要同时管理多个网站载体和不同版本，因此，管理的工作会减轻。
- 从关键词部署来说，响应式网站能实现移动页面和PC页面的一体化。因此，同样的关键词会得到更多的流量机会；但是，从另一个方面来说，独立的移动站点能部署更多样化的关键词，从数量上考虑，独立移动站点有它的优势。
- 从页面收录来说，响应式网站简化蜘蛛的分析工作，便于蜘蛛的爬行。
- 从搜索引擎来看，百度对移动站点有偏好，相同行业内的网站，会优先收录移动站点的内容，主做国内市场的网站需要重点关注这一点。

到底该新设一个移动站点，还是坚持响应式设计呢？这需要看网站的具体情况，因为除了从 SEO 的角度考虑，站点的建设成本和推广也需要重点考虑。响应式网站对于大型的复杂网站来说，需要进行 HTML5 改造，这个工作量很大，不如新建一个移动站点来得合适；推广方面，响应式网站有好处，因为用户不需要下载 App，从而不需要占用移动端设备的内存，同时也可以更加节省流量。

第5章
SEO 竞争对手分析

SEO 是一个没有硝烟的战场，数不清的网站背后，有数不清的 SEO 人员绞尽脑汁希望能将某个关键词做到搜索引擎排名结果的前茅。"知己知彼，百战不殆"在 SEO 领域也是真理。如何快速发现潜在的竞争对手，确认目前的竞争局势，然后定好竞争策略是非常关键的。

本章需要读者关注的重点知识如下。

- 识别竞争对手的方法。
- 分析竞争对手的网站和SEO手法。

5.1　发现竞争对手

5.1.1　抽查关键词

SEO 意义上的竞争对手和商业上的竞争对手不完全一致。比如两家同样的童装网店，从商业竞争角度来说，是竞争对手，因为竞争的领域都是童装市场。但是，它们一家定位于高端定制童装，一家定位于日韩童装。

第一家童装店铺的关键词可能是定制童装、高端童装、高品质童装等。

第二家童装店铺的关键词可能是日韩童装、韩版童装。

因此，从 SEO 角度看，它们实际是竞争两个完全不同的子类市场，从客户的重合程度来说，重合的概率非常低，所以，我们并不认为它们是 SEO 上的竞争对手。

那么，如果新接手一个网站，怎么去判断网站的竞争对手是谁呢？

第一步：列出所管理网站的目标关键词。

第二步：用网站目标关键词去搜索，分析排名靠前的网站，锁定那些排名靠前的网站，那些可能就是潜在的竞争对手。

例如，上方提到的高端定制童装店铺，我们可以用"定制童装"在百度中搜索，可以看到下方列出的公司和产品，那些可能就是你店铺的潜在竞争对手，如图 5-1 所示。

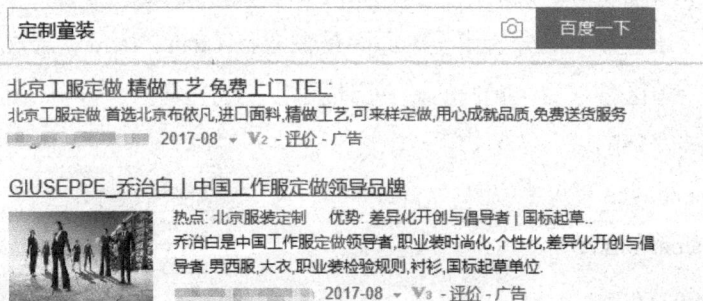

图5-1　"定制童装"搜索结果

5.1.2　批量比较关键词

如果关键词比较多，每个关键词搜索出来的结果差异可能比较大，在锁定竞争对手方面会有一些麻烦。遇到这种情况，可以采用多数原则，即在不同关键词的搜索结果中，同时出现次数最多的网站 / 产品，就是你的竞争对手。

举个形象但是简单的例子。

假设你的目标关键词：关键词 1、关键词 2、关键词 3。

用你的目标关键词在百度中搜索，结果如下。

关键词 1 搜索，搜索结果前 4 位出现的网站：A 网站、B 网站、C 网站、D 网站。

关键词 2 搜索，搜索结果前 4 位出现的网站：A 网站、B 网站、E 网站、F 网站。

关键词 3 搜索，搜索结果前 4 位出现的网站：A 网站、C 网站、G 网站、H 网站。

A 出现 3 次，B 出现 2 次，其余都出现 1 次，那么最有可能是你竞争对手的就是 A 了，你需要精准锁定 A。

5.1.3　分析竞争对手需要注意域名设计

在发现竞争对手后，需要对竞争对手的域名结构进行深入分析，基于准确、完整的域名结构上的数据比较，得出的信息对实际的操作才具有参考意义。

例如，目前家居行业竞争非常激烈，几个大的门户网站中，新浪家居和房天下家居形成了强烈的对比。它们家居业务的最高级域名分别如下。

新浪家居的域名：jiaju.sina.com.cn。

房天下家居的域名：home.fang.com。

如果在竞争对手分析的时候，仅比较这 3 个域名的数据：关键字排名、流量、收录，可能会出现极大的分析错误。原因是在业务（jiaju, home）层次下，还有地区参数，加入地区参数后，它们的域名出现了极大的差异。

新浪家居完整的域名结构如下。

jiaju.sina.com.cn

gz.jiaju.sina.com.cn

sz.jiaju.sina.com.cn

sh.jiaju.sina.com.cn

nj.jiaju.sina.com.cn

cd.jiaju.sina.com.cn

……

新浪家居的域名结构：地区 + 业务 + 顶级域名。

房天下家居的完整域名结构如下。

home.fang.com

home.gz.fang.comhome.sz.fang.com

home.sh.fang.com

home.nj.fang.com

home.cd.fang.com

……

房天下家居的域名结构：业务 + 地区 + 顶级域名。

基于它们完全不同的域名结构，在做竞争分析的时候，需要考虑各自总网域名和地区域名之间的包含关系。

比如对比新浪家居和房天下家居的网页收录数量，不能仅设置各自的顶级域名，然后进行直接对比。

针对搜房，需要汇总 home.fang.com 和 home.gz. fang.com 等子域名的数量。

其实，其他业务比如房产业务等也是如此，在进行分析的时候，一定要对对手的域名结构有深入、清晰的了解。只有这样，才能得到有效的数据。

5.2　快速诊断一个网站的 SEO 现状的方法论

作为专业的 SEO 人员，形成一套快速判断网站 SEO 现状的方法论是非常关键的。在系统方法论的指导下，按照固定的流程或者方法对网站进行分析，能快速提高效率，有效应对以下情况。

（1）刚入职新公司，你必须要在短时间内迅速了解公司的网站 SEO 现状，只有了解了现状，才能尽快做出工作计划。

（2）当你在行业内形成一定口碑后，就会经常遇到不认识的人或者公司通过各种办法找到你，希望你可以帮助分析一些网站，给一些建议或者指出问题所在。

作为 SEO 人员，可能你有足够的时间去帮忙，但是如果你是专职的公司员工，肯定就没有那么多时间去做详细分析，如果不想让千方百计寻找到你的人失望，就需要你能在半个小时左右的时间里快速了解网站的现状，然后给出一些合理的建议。当然，如果你觉得没有把握，一定不要给建议。如果对方使用了你不成熟的方案，对彼此来说，都是比较大的隐患。

那么，如何快速判断一个网站的 SEO 现状并抓住问题的实质呢？

5.2.1 使用 Site 方式快速了解收录状况

得到对方网站首页网址后，首先在百度搜索一下域名，看看收录情况是什么。Site（搜索引擎的高级搜索命令）能帮助你看到什么信息呢？

Site 各自的域名能让你快速看到网站的收录信息和网站的基本关键词、网站描述。

如果网站已经在百度站长平台进行了提交，那么你会看到网站的信息以一个已经整理好的方式提供给你，包括网站的连通率、Robots 是否封禁、网站是否有重要页面出现 404 等。下面我们来分析新浪网站，Site 的结果如图 5-2 所示。

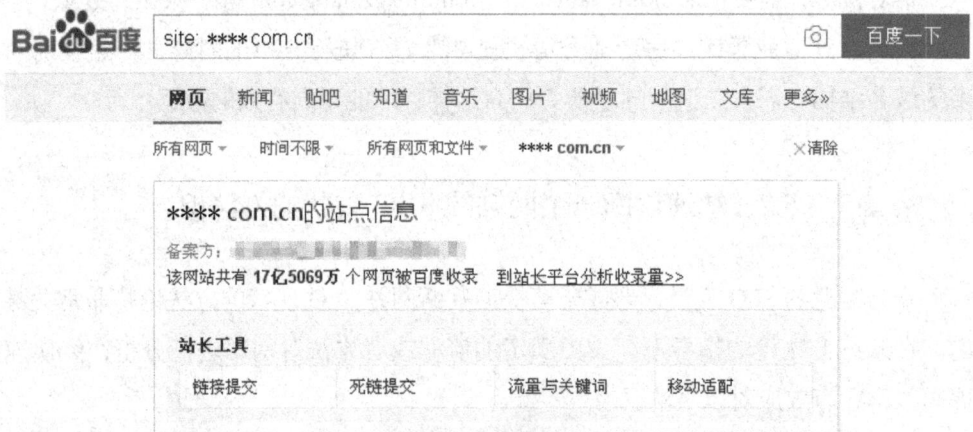

图5-2　Site结果

同时，Site 会让大家看到哪些页面比较重要。

在每个收录的网站（如 **** 网站）下方都可以看到一个重要的页面内容：快照，如图 5-3 所示。

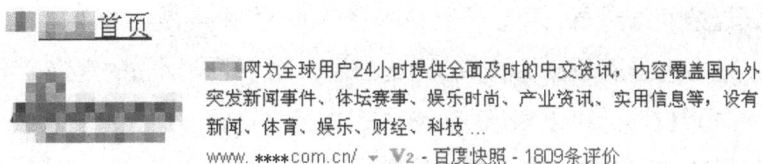

图5-3 快照

单击"百度快照"链接，可以看到该网页的快照信息。快照信息会帮助你了解百度大概多长时间更新网站。比如 2017 年 7 月 24 日搜索，我们打开网站的快照可以看到里面的页面内容是 2017 年 7 月 13 日的，如图 5-4 所示。

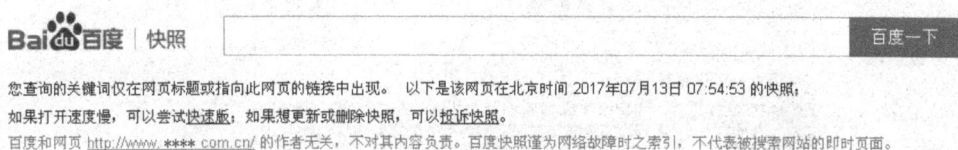

图5-4 快照时间

如果对网站的收录已经有了基本的了解，可以找网站的行业人员咨询与该网站业务相关的竞争网站有哪些，然后拿到这些在业务上有竞争的网站域名，按照上面的方法，实现快速分析竞争对手的收录情况，通过页面收录数量、网站快照时间等，就可以对这个网站的竞争情况做出初步的判断。

在了解收录的基础上，进入网站关键词的分析。

5.2.2 使用搜索尝试方式快速了解关键词状况

咨询对方网站定义的关键词，使用这些关键词去百度搜索，通过搜索结果，可以帮你发现如下信息。

（1）当前网站是否有排名？如果网站的排名在搜索结果的 1～3 页，证明网站目前的 SEO 情况尚好；如果针对这些关键词，在搜索结果的 10 页以后都没有找到网站的任何链接，那么证明网站的 SEO 情况确实不容乐观。

（2）通过搜索结果页，可以查看当前排在前面的网站是哪些。这些竞争同样关键词的就是潜在的竞争对手，通过分析排名的情况，就可以知道竞争对手之间大概的地位或者行业、领域内的 SEO 排名。

（3）通过搜索结果页，可以分析排名靠前的网站的标题、描述等是如何设置的，可以从这些内容里面发现很多有用的信息，比如每个网站的定位、服务范围、网站的关键词定位等。可以和当前正在服务的网站进行对比，就能发现差异在哪里，或许可以借鉴别人的词汇、描述等。

（4）通过搜索结果页，可以看到是否有商家投放了广告，如果发现很多推广的信息，就意味着针对这个关键词或者这个行业的竞争是比较激烈的。

比如我们在百度搜索"衣柜"这个关键词，可以看到如图 5-5 所示的结果。

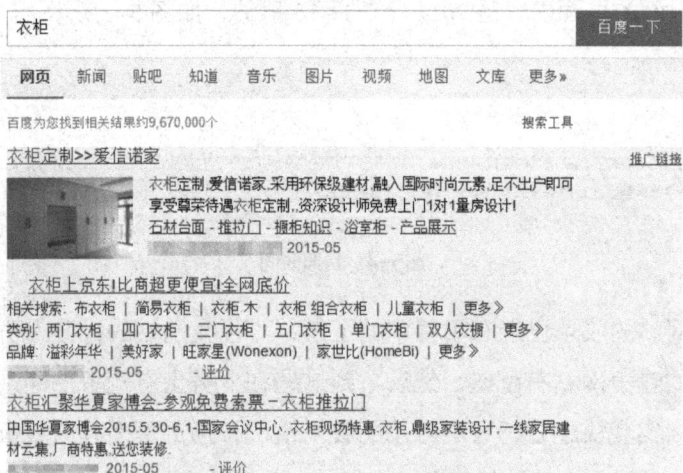

图5-5　"衣柜"搜索结果

5.2.3　使用 Alexa 工具快速了解综合排名和流量状况

完成收录、关键词的基本分析后，可以使用 Alexa 工具的数据进行很多有用的分析，便捷获取 Alexa 数据的方式是直接登录 Alexa 官方网站。

1. 查看网站的全球排名和国内排名

查看网站的排名情况，如图 5-6 所示。

2. 分析网站的流量趋势

查看网站的稍长时间的流量趋势、搜索流量趋势、搜索流量占比等，可以分析出网站的竞争趋势，如图 5-7 所示。

排名查询结果

综合排名	当日排名	变化趋势	一周平均排名	排名变化趋势	一月平均排名	排名变化趋势	三月平均排名	排名变化趋势
19	18	⬆ 1	19	0	19	0	19	0

网站预估流量 根据Alexa排名统计数据估算网站 IP & PV 值，以下数据仅做参考之用，根据网站用户类型和比例不同会产生不同误差率【需要修正数据，请联系我们】。

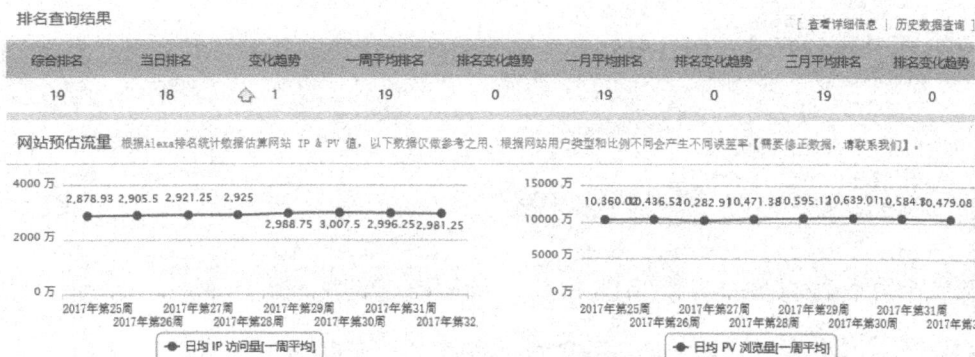

图5-6　Alexa网站排名搜索结果

搜索流量占比

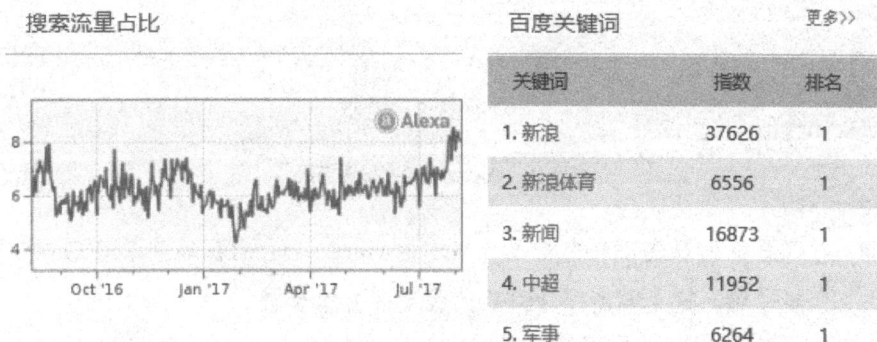

百度关键词　　　　　　　　　　　　　　更多>>

关键词	指数	排名
1. 新浪	37626	1
2. 新浪体育	6556	1
3. 新闻	16873	1
4. 中超	11952	1
5. 军事	6264	1

图5-7　Alexa网站流量搜索结果

3. 分析网站的基本子域名和每个子域名的导流比例

通过分析网站的基本子域名和每个子域名的导流比例，可以知道网站的主营或者说流量来源可能依赖哪些业务模块。如果目前吸引流量的重要域名或者频道和公司定义的业务重点不同，那么可能 SEO 的方向就存在偏差。这个偏差有可能是 SEO 的失误，也有可能是 SEO 故意的引导，即完全从引流角度进行的设计，如图 5-8 所示。

当完整分析完收录、关键词、Alexa 数据后，可以说从外部的角度已经对网站有了一个基本的判断。接下来，可以从网站内部管理的角度去分析网站的基本情况。打开网站首页，快速查看如下信息。

- 网站的介绍，包括网站的定位、主营。

- 网站的频道，快速分析网站的频道划分和业务上的差异，业务上的推广重点可以从网站获取。

子站点被访问比例/人均页面浏览量

被访问网址 [64 个]	近月网站访问比例	近月页面访问比例	人均页面浏览量
news.****com.cn	36.25%	24.49%	2.38
blog.****com.cn	32.14%	16.22%	1.78
sports.****com.cn	17.09%	10.93%	2.25
login.****com.cn	12.66%	5.67%	1.58
auto.****com.cn	15.18%	5.42%	1.26
finance.****com.cn	12.92%	5.10%	1.39
tech.****com.cn	12.53%	4.47%	1.26
book.****com.cn	5.53%	3.29%	2.10
ent.****com.cn	9.32%	3.16%	1.20
****com.cn	8.84%	2.66%	1.06
video.****com.cn	8.24%	2.63%	1.12
games.****com.cn	6.92%	2.18%	1.11
iask.****com.cn	3.86%	1.85%	1.69
fashion.****com.cn	2.34%	0.70%	1.06

图5-8　Alexa子域名搜索结果

- 打开首页的源代码，查看首页基本的Meta、H1～H6等基本SEO参数是否已经设置，这是判断网站SEO的程度的基本参考。
- 抽样2～3个频道页面的源代码，同样查看Meta、H1～H6等基本SEO参数是否已经设置，目的如上。
- 对几个最底层的内容页面进行抽样，打开页面源代码，同样查看Meta、H1～H6等基本SEO参数是否已设置，目的如上。
- 快速打开网站的Robots文件，可以知道网站哪些页面不允许搜索引擎抓取，还有哪些特定的网站规则写在里面，这对于SEO人员快速了解网站的运营方向是非常有帮助的。比如如果在Robots里面禁止了所有动态页面的抓取，那么我们就可以知道网站可能存在两套页面体系。

专业的 SEO 人员通过以上的分析，其实对网站的整体情况已经有了初步的判断，但是在提出问题和优化建议之前，还需要一些数据的辅助，包括网站页面数量、网站关键词排名数据、网站的真实流量数据等。如果网站统计了这些数据，那就很方便了，可以直接拿过来分析；如果没有，只能要求公司开始做一些数据采集的工作，然后持续跟踪数据的反馈结果。

5.2.4 使用数据有效判断网站整体的 SEO 状况

数据怎么使用是另外一个很重要的问题。首先，获得网站页面数量的数据以后，先要进行收录分析。如果网站页面收录比例很低，证明网站的页面收录可能存在比较大的问题。网站页面存在收录问题一般如下。

1. 网页内容质量不佳

比如网站是否大部分内容是采集的？内容完全靠采集，这个问题在很多知识性网站里面会存在。有些网站通过技术手段，设计大量结构化的问答，预先抛出大量问题，然后采用采集的方法匹配答案。

医药网站可能会通过以下方式产生问题。

×××怎么办？（套用病种，比如感冒怎么办？发烧怎么办？肺炎怎么办？脑瘤怎么办？）

×××怎么办？（套用特殊情况，比如怀孕感冒怎么办？怀孕发烧怎么办？）通过这种结构化的方式，让网站短时间产生大量的问题，然后通过问题匹配等方式，从互联网匹配大量答案，把答案采集过来，就形成了网站的内容。

这种方式本质上让互联网上出现了大量的重复内容，可能会对收录造成很不好的影响。此外，即使是网站自身产生的内容，也有可能是低质量的内容。比如论坛类网站大量的水贴、广告贴，或者对于一个好的问题，大量的回复就是一个"顶"之类的，造成页面内容比较空泛，也会对网站收录造成比较大的影响。

通过此类分析，能快速知道网站运营上的一些缺陷，不仅是 SEO 的问题。

2. 内链问题和 Sitemap 问题

网站网页收录比例低，也有可能是因为网站内链设置比较差导致大量的历史页面沉淀成为"孤岛"，蜘蛛无法到达。如果网站的站点地图同时没有很好地发挥作用，那么就会存在网页收录问题。这时可以通过网站的层级设计、网站的目录页面、网站的正文内链等多个角度切入进行分析。

获得关键词数据后，可以更精确地了解网站关键词的实际情况，哪些词汇已经有排名，大约的名次，哪些关键词还没有排名，目标名次是多少等。通过对关键词的分析可以看到网站的业务重点。

获得流量数据后，可以分析网站的流量构成是否合理。一般来说，大型门户网站的搜索引擎引流比例占整个网站的流量比例的 30% ～ 50%，如果低于这个比例，证明 SEO 的空间很大。如果高于 50%，是否证明优化空间很小呢？不能贸然下结论，需要结合网站所在的行业来分析，有的行业 SEO 引流本来就偏高，比如知识性的网站。此外，还需要确认网站是否进行了 SEM 推广，因为大部分的网站统计系统中，技术人员没有办法区分纯粹的自然搜索流量和 SEM 的流量，所以，如果仅是对搜索流量数据进行分析，可能会有很大的偏差。比如一个网站的搜索引流一天的 IP 可能是 2 500 个，整个网站的 IP 是 5 000 个，从占比来说，搜索引流占到了 50%，这貌似是一个健康的数字，但是如果 2 500 个的引流 IP 中，有 2 000 个 IP 是通过 SEM 单击过来的，那么问题就比较大了，即 SEO 的流量占比实际只有 10%，远远没有达到正常状态，这也意味着如果网站突然停止了 SEM 推广，那么流量就会出现巨幅的波动，来自搜索引擎的流量就会骤降，将对业务的正常运营造成比较大的影响。

那么，如何区分 SEO 和 SEM 流量呢？一个比较笨的办法就是从日志区分出搜索引擎流量以后，每日从 SEM 系统里批量导出当天的 SEM 数据，包括当日 SEM 单击数、单击关键词等，然后从日志的总数据中，将 SEM 数据减掉，就能得到较为精准的 SEO 流量数据。

第6章

SEO 技术索引手册
和技术难点辨析

　　SEO 的时候，需要对很多细节进行处理，因此，在技术细节上，作为 SEO 人员，需要完全掌握实现机制和逻辑。

　　本章需要读者关注的重点知识如下。

- 网站站点地图的设置方法。
- 网页静态化方法。
- 提高PR的Nofollow技术。
- 301处理方法。

6.1 建站初始相关的 SEO 技术

建站初始技术即网站在建立阶段，就必须全盘综合考虑的技术细节，因为后续在网站运营过程中再进行调整，会牵涉太多方面，甚至无法执行。

6.1.1 网站站点地图（Sitemap）的设置和技术细节

Sitemap 是一种通知机制，就是通过创建一个文件的方式，把网站网页的 URL 提交给搜索引擎，在 Sitemap 中定义好页面的 URL 地址、权重、更新频率等。通过把 Sitemap 提交给搜索引擎，搜索引擎爬虫沿着 Sitemap 里面的链接地址进行爬行，这就是 Sitemap 的机制。

普通 Sitemap 文件的建立如下。通过 XML 的方式创建 Sitemap，这是最常见也是最简单的一种方式。

```
<urlset xmlns=" 网页列表地址 ">
<url>
<loc> 网址 </loc>
<lastmod>2015-01-03T04：20-08：00</lastmod>
<changefreq>always</changefreq>
<priority>1.0</priority>
</url>
<url>
<loc> 网址 </loc>
<lastmod>2015-01-02T20：20：36Z</lastmod>
<changefreq>daily</changefreq>
<priority>0.8</priority>
</url>
</urlset>
```

1. 百度 Sitemap

```
<?xml version="1.0" encoding="UTF-8"?>
<urlset>
<url>
<loc> 网页地址 </loc>
<lastmod>2015-01-01</lastmod>
<changefreq>daily</changefreq>
<priority>1.0</priority>
</url>
</urlset>
```

2. 重要字段含义

- changefreq：指定提交的URL对应页面内容的更新频率，例如，daily、weekly、monthly、yearly。这个参数用于设置搜索引擎页面变动的频率，即考量是否需要蜘蛛经常爬行并更新网页的内容。

- lastmod：当前页面内容最后的修改时间，这个参数可以给搜索引擎一个参考，就是时效性的参考，某些内容，特别是咨询类的，搜索引擎会将内容的更新时间作为排序的一个因子。

- priority：定义页面的权重，权重越高，相对于其他页面，当前页面的优先级越高。

- <loc></loc>：用<loc>描述具体的链接地址，这里需要注意的是链接地址中的一些特殊字符必须转换为XML（HTML）定义的转义字符，简化版的Sitemap也可以采用记事本方式，就是直接打开一个记事本，然后把URL填入，每个URL一行，然后直接提交搜索引擎，也能实现同样的目的。

3. 超级门户的 Sitemap 模式

搜索引擎并不限定每个网站提交的 Sitemap 文件的个数，因此，如果网页 URL 条目比较多，可以对新增的页面进行差额提交。

在创建多个 Sitemap 文件时，可以通过一个父 Sitemap 文件链接多个子 Sitemap 文件，子 Sitemap 文件通过填充实际 URL 条目的模式完成，这样可以确保每个 Sitemap 文件的 URL 条目不会特别多，建议一个 Sitemap 文件的 URL 条目不要超过 1 000 个。

下面是一个例子。

```
<?xml version="1.0" encoding="UTF-8"?>
    <sitemap>
            <loc>http://www.abc.com/sitemap1.xml.gz</loc>
    </sitemap>
    <sitemap>
            <loc>http://www.abc.com/sitemap2.xml.gz</loc>
    </sitemap>
    </sitemapindex>
```

Sitemap1：

```
<?xml version="1.0" encoding="UTF-8"?>
<urlset>
<url>
<loc>URL1</loc>
<lastmod>2015-01-01</lastmod>
<changefreq>daily</changefreq>
<priority>1.0</priority>
</url>
<url>
<loc>URL2</loc>
<lastmod>2015-01-01</lastmod>
<changefreq>daily</changefreq>
<priority>1.0</priority>
</url>
<url>
<loc>URL3</loc>
<lastmod>2015-01-01</lastmod>
<changefreq>daily</changefreq>
```

```
<priority>1.0</priority>

</url>

<url>

<loc>URL4</loc>

<lastmod>2015-01-01</lastmod>

<changefreq>daily</changefreq>

<priority>1.0</priority>

</url>

</urlset>
```

……

提交 Sitemap 的方式有多种，通常的做法是创建百度或者其他搜索引擎的站长账户，然后在站长后台把 Sitemap 的 URL 提交上去，在站长后台可以看到每个 Sitemap 的处理进度和收录的数据。

6.1.2　Robots 文件设置和技术细节

Robots.txt 文件放在网站的根目录下，主要用于通知蜘蛛在该网站上的抓取范围，SEO 可以在这个文件中声明该网站中不想被搜索引擎收录的部分，或者指定搜索引擎只收录特定的部分。

1. 经常使用到 Robots.txt 文件的情况

- 网站升级，老版本网站的很多页面在新版本网站中去掉了，在这种情况下，可以通过Robots文件告诉蜘蛛不再抓取这些已经被去掉的页面。
- 网站存在很多重复的内容，比如一个网站同时存在动态页面和已经经过静态化处理的页面，这些页面在内容上都是完全重复的内容，为了解决重复的问题，可以在Robots文件中禁止蜘蛛抓取动态页面。
- 网站内部有些内容不便于公开发布，但是需要允许内部查阅。遇到这种情况，可以在Robots中告诉蜘蛛不要抓取。

2. Robots 文件的基本写法

User-agent :　　　　　　　　　　　　　　　　　　　　　　　　　　　　*

Allow：	/cgi-bin/see
Allow：	/tmp/hi
Allow：	/~joe/look
Disallow：	/cgi-bin/
Disallow：	/tmp/
Disallow：	/~joe/

Allow 是允许蜘蛛爬行的页面，而 Disallow 后面则是不允许蜘蛛访问的路径和文件。

3. Robots 的使用示例

（1）仅允许访问某目录下某个后缀的文件。

这里仅允许访问带"$"符号的网址，如下。

User-agent：*

Allow：.asp$

Disallow：/

（2）禁止索引网站中所有的动态页面。

这里是限制访问带"？"的网址，例如，index.asp?id=1。

User-agent：*

Disallow：/*?*

（3）使用"*"，限制访问带某个后缀的域名。

这里是禁止访问 admin 目录下所有 htm 文件，如下。

User-agent：*

Disallow：/admin/*.htm

6.1.3　Canonical 参数的设置和技术细节

不同 URL 对应同一个页面的情况在大型综合类门户网站中经常出现，这对搜索引擎的排名造成了很不好的影响（搜索引擎不知道哪个页面更权威）。在技术上，SEO 可以利用 Canonical 属性来解决这个问题。

Canonical 属性的主要功能是为网页指定权威链接，通过指定权威页面来解决副本内容（重复页面）问题。

1. 使用方法

在重复网页的头部加一个 link 标签，指定首选 URL，声明特定权威网页作为复制网页的规范版本，搜索引擎将把链接等信息都转移到这个首选版本上，搜索结果会把权威网页作为搜索显示的基础。

<link rel="canonical" href="authoritative | canonical URL"/>

2. 使用该参数时要注意的地方

- href可以是绝对地址或相对地址；但不能指向不同的域名，否则会被忽略；允许指向不同的子域名。
- link rel="canonical"属性可以被传递，即A声明B为权威链接，B声明C为权威网页，则搜索引擎会认为C是A和B共同的首选权威版本。
- 此标签只是建议，不是命令，意思是如果设置得不合理，搜索引擎仍会按正常的方式确定首选的网页；如权威页指向404页，或指向的页面返回错误提示，搜索引擎仍会索引这个页面的内容。
- 百度和谷歌都宣布支持Canonical，但是从实际测试情况来看，谷歌比较完美地支持了这个命令，百度支持得不是很好，在具体执行中，可以考虑一下。

6.1.4　Nofollow 参数的设置和技术细节

Nofollow 主要是为了对付垃圾链接。在谷歌的排名算法中，反向链接是很重要的参数。为了提高排名，很多 SEO 人员通过在其他网站留垃圾链接的方式来增加外链数量，这样对真正的网页质量审核造成了不好的影响。为了反击这种制作垃圾链接的方式，搜索引擎引入了 Nofollow 技术。

如果网站对导出链接标注 Nofollow 参数，则导出链接对排名没有影响，蜘蛛知道对这种导出链接不进行计算。目前，大部分的门户网站都已经引入了 Nofollow 参数，在这些网站预留链接不会产生排名上额外的外链权重好处，因此尽可能降低外部 SEO 人员不规范的优化对网站本身的影响。

此外，网站内部很多页面不是核心页面，比如"关于我们"这类的页面，为了不分散核心页面的权重，可以把链接到"关于我们"这类页面的链接标注为Nofollow。

1. Nofollow 标签通常有两种使用方法

- 将"Nofollow"写在网页上的Meta标签上，用来告诉搜索引擎不要抓取网页上的所有外部和内部链接。

  <meta name="robots"content="Nofollow"/>

- 将"Nofollow"放在超链接中，告诉搜索引擎不要抓取特定的链接。

  <a rel="external Nofollow"href="url"><span> 内容 </span></a>

2. Nofollow 标签的使用示例

<a href="URL"rel="Nofollow"> 服饰 </a>

6.1.5 网页 URL 静态化技术细节

URL 静态化是指将网站动态的 URL 地址通过伪静态或生成静态的方式变成静态 URL，常见的动态网站有视频网站、网店、新闻站点等。

www.*example*videosite*.com/video/type? type=tiyu&sid=06&query=URL。

URL 可以静态化如下。

www.*example*videosite*.com/video/tiyu/06.html

从扁平化考虑，还可以进一步缩减如下。

www.*example*videosite*.com/tiyu/06.html。

静态化有两种模式，纯静态页面和伪静态页面。

纯静态页面是指内容由 HTML 编写，加载的时候不需要等待，可以直接输出。

伪静态网页：外观 URL 展现是 HTML 一类的静态形式，但是页面的内容其实是通过动态脚本来处理的，本质上还是动态页面。

伪静态和纯静态都可以实现 SEO 的功能，但是伪静态对服务器的性能要求更高一些。

在处理 URL 静态化的过程中，需要重点考虑的因素如下。

- 哪些字段需要放到静态URL里面。比如上方的URL的核心关键词是tiyu，因为是体育的URL，因此，这个关键的字段tiyu必须放到静态URL中。反之，无关重要的字段就不要放到静态URL中来，否则会增加蜘蛛对内容的识别难度。

- 页面静态化后，同时存在动态页面和静态页面，为了避免重复，可以通过 Robots 文件禁止蜘蛛对动态URL的爬行。

静态化处理是否为必需的 SEO 手段？不尽然。对于大型搜索引擎来说，对动态和静态化都可以进行解释，甚至动态化的结构可能更利于网站结构的判断，谷歌官方曾经提到，不要对一些页面做静态化，因为可能会增加蜘蛛对页面的识别难度。

提示：作为 SEO 专业人员，还是建议能静态化的尽量静态化，因为我们的工作目标是所有的蜘蛛，我们希望每个搜索引擎都能够识别网站的内容。目前来看，一些小的搜索引擎程序对动态化的内容解析还是欠缺的。

6.2　网站初建的 SEO 规范框架

对很多互联网企业来说，网站就是企业的命脉，比如企业的获客几乎都来自网站系统，网站的成败和企业的成败息息相关。网站也是 SEO 赖以工作的平台，通过对网站的优化，保证网站的流量来源和稳定，能给企业创造巨大的价值。那么，如何系统地规划一个网站的 SEO 工作呢？这个工作从网站搭建就要开始进行系统规划了。

好的开始是成功的一半。在网站搭建初期，能尽量按照 SEO 的思路来搭建网站的框架，对于后期的 SEO 来说能起到事半功倍的效果，反之，可能留下极大的后患。比如如果一个网站在建站初期，采用了大量的动态页面，那么在后续的 SEO 中，就会遇到极大的麻烦。并不是说动态网页就不能进行 SEO 或者就没有 SEO 的可能，而是说存在更大的难度。

那么，在建站初期，SEO 需要考虑哪些细节呢？下方是一个初步的思考框架。

① 选择合适的域名。

② 做好频道设置规划。

③ 设计简洁和有意义的 URL 模式。

④ 处理 HTTPS 页面。

⑤ 选择网站开发的语言。

⑥ 确认网站的风格。

⑦ 网站发布和告知。

⑧ 建立 SEO 目标。

⑨ 建立 SEO 监控列表。

6.2.1　域名的选择

域名的选择是一门学问，例如，老域名没有快照，可能会存在隐患，域名是否带关键词影响到排名等。另外，对于普通用户，到达网站的第一个动作大部分是直接输入域名，如果域名很长，用户就不容易记住；或者，如果域名的组成没有规律，用户也很难记住。因此，在网站构建之初，选择合适的域名尤其重要，主要考虑如下几个方面。

1. 域名相关性

域名的相关性主要是考虑域名和网站业务的匹配程度。如果是一个学校，注册与 xuexiao 相关并且以 .edu 结尾的域名会更好些。如果是家居装修方面，域名为 jiaju.com 是一个不错的选择。美团的域名 meituan.com 也是一个很好的选择。

但是，在域名的相关性上，需要考虑业务的宽窄程度，大家来考虑一个域名 hr.com，你觉得下方哪个业务用这个域名最合适？

- 综合的HR业务信息服务网站。
- HR细分的招聘领域。
- HR细分的人才档案管理领域。
- HR细分的其他领域。

想必大家大部分会认可 HR.com 更适合综合的人事网站。而细分类的服务网站，比如招聘类网站，zhaopin.com 类的域名更合适。

从实际情况考虑，如果业务范围权重过大，在某种程度上可能会制约网站将来的发展。比如如果网站将来提供更多领域的咨询、管理服务，那么 hr.com 这个域名就会有扩展的障碍。

2. 域名的简洁程度

域名的简洁程度并不意味着简单或者短，而是怎样用最短的组成表达最精准的业务内涵。比如 haidianjiaxiao.com 是很明白的海淀驾校的含义，比短的 hdjx.com 或者俗称的 haijiao.com 表达的含义更准确。

从域名的简洁程度考虑，建议不要采用部分全拼、部分首字母的方式，比如"haidianjx"这类域名，因为很多客户在搜索的时候，要么习惯搜索首字母组合，要么习惯搜索全拼，很少会有客户直接通过全拼 + 首字母模式进行操作，后续在用户推广中会遇到难题。

3. 域名的用户语言和使用习惯

域名的语言习惯主要是考虑用户的语言，比如中文还是英文，如果是中文的网站，域名组成上尽量用中文，用户的接受程度更高一些。对于搜索引擎来说，拼音组合没有识别障碍。比如 lvyou.com 和 travel.com 都可以用于旅游相关网站，从用户群来说，建议使用拼音。

必须要指出，使用中文的域名可能会对网站的国际化造成影响。比如如果 lvyou.com 网站将来要扩展到美国或者其他国家，us.lvyou.com 的子域名就会带来麻烦，因为 lvyou 这个组合对美国人来说很难理解。

在考虑语言的基础上，也需要考虑一些常见的使用习惯。比如 news.com 尽管是英文，但是对于搜索引擎来说，作为新闻网站是一个不错的选择。对于普通用户来说，并不造成使用障碍。同理，上方提到的旅游网站，travel 是一个常用的词汇，所以从这个角度考虑，使用 travel.com 这个域名没有任何问题。

4. 用户的独特性

从独特性的方面考虑，要考虑用户的接受程度和简洁程度，如果是 qweretetw.com 这种独特的域名，建议慎用。

从某种程度来说，考虑域名的独特性时有具象和抽象两种方法。具象的域名比较容易记住，但是吸引力不强；抽象的处理方式让人印象深刻，但是不一定能让人记住。

6.2.2　网站的频道设置

网站的频道命名主要考虑业务相关和关键词相关。频道的多少主要考虑内容的体量。一般来说，如果内容体量很大，建议分多个频道，比如小说频道下，可能再细分穿越小说、都市小说等。

在频道考虑方面，有一点需要特别注意，就是频道是否可以采用子域名的方式来完成。是否采用子域名的方式来承载，主要考虑将来内容的数量，如果内容很多，可以通过子域名的方式来获得更多的关键词效应；如果内容不多，一般放在频道下方集中权重。

6.2.3　URL 设计

统一资源定位符（Uniform Resource Locator，URL）又叫作网页地址，是互联网上标准的资源的地址，这是关于 URL 的官方说明。对网站用户来说，URL 是客户能单击直接到达页面的一种途径。

网站在建设的时候，需要综合考虑 URL 的设置和优化，因为不同的 URL 设置思路对 SEO 的效果存在不同的影响。在 URL 的具体设置上，需要考虑的维度如下。

1. URL 层级设置

URL 的层级设置是指 URL 结构中的分级策略，如下。

① www.abc.com/1.html 这是 1 级的设置。

② www.abc.com/sales/1.html 这是 2 级的设置。

③ www.abc.com/beijing/sales/1.html 这是 3 级的设置。

…………

网页 URL 层级最优应该采用多少层级并没有一个量化的数字，到底几个层级是最优的需要按照实际案例来分析。层级的多少主要和内链的设置有关系。一般来说，URL 层级越多，则意味着很多网页下沉会比较深，如果没有合理的内链设置，这些下沉很深的网页被蜘蛛抓取到的概率会低一些，除非通过 Sitemap 等方式有效通知到蜘蛛进行爬行。

但是，层级完全扁平化未必表示 SEO 最优化，可以设想，在极端情况下，把所有页面都设置为一级，肯定就是最短的路径，但是可能蜘蛛不能从 URL 的方式判断出网站的物理结构。目前搜索引擎都很智能，能通过层级的构成分析出网站的结构，在结构展现上，特别是搜索一个网站的域名或者核心关键词的时候，可能会同时展现几个重要的结构入口，这类结构化入口对转化率是非常关键的设计。

结构化入口有多个子入口，如新浪在百度的入口包括新浪体育、新浪邮箱等 6 个子入口。因此，如何设置 URL 层级，对 SEO 来说是一个挑战。

2. URL 的关键词设置

URL 的关键词设置是指是否需要在 URL 中增加关键词信息。比如，www.abc.com/travel/1.html 这个网址中间的 travel 指的是旅游，可能该页面隶属于旅游相关频道。www.abc.com/xiaoxue/1.html 这个网址中间的 xiaoxue 指的是小学，可能该页面隶属于小学相关频道。

在 URL 中设置关键词的好处显而易见，搜索引擎可以更好地判断出网页的内容领域。从实践来看，在英文网站的网页 URL 中增加关键词，可以起到事半功倍的效果。此外，中文使用拼音也是一个好的选择。

但是，关键词怎么用呢？比如在网络制图的频道里面，使用 network diagram 还是 network diagrams，实际上是词的研究范围了，即使用 www.abc.com/network-diagram/1.html 还是 www.abc.com/network-diagrams/1.html。

从实际效果来看，建议采用 network diagrams，因为谷歌的搜索数据告诉我们，搜索 network diagrams 的次数比 network diagram 明显要多。

3. URL 的静态、动态设置

URL 的静态、动态可以通过 URL 是否带 "？" 参数来判断。对于大的搜索引擎来说，比如百度、谷歌，对于 URL 的静态还是动态没有特别明显的偏好，都能很好地进行解析，甚至谷歌曾经建议如果不能很精准地将动态 URL 静态化，保留动态结构，因为谷歌可以通过动态的参数更好地识别网站的组织。

但是，从另一方面想，很多中小搜索引擎并不能像谷歌或者百度那样能很好地处理动态 URL，静态化是更好的选择，因为我们并不是完全依赖一个搜索引擎。如果网站全英文，建议重点考虑谷歌；如果是中文，建议优先考虑百度。

4. URL 里面的特殊符号

URL 里面的特殊符号是指除了常见的 "字母" "数字" "/" 和 "." 以外一些特殊的符号，从 SEO 的角度，建议不要在 URL 里面引入特殊符号，不然可能会导致收录等方面存在一些意想不到的优化麻烦。有的网站大量频道的页面 URL 采用特殊符号 "~"，从持续的收录监控来看，这类页面存在很大的问题，在和专家的反复讨论中，大家认为可能该类 URL 在编码的时候有一些特殊的问题无法解决。

6.2.4　HTTPS 页面的处理

百度百科解释：HTTPS（全称为 Hyper Text Transfer Protocol over Secure Socket Layer），是以安全为目标的 HTTP 通道，简单来说就是 HTTP 的安全版，即 HTTP 下加入 SSL 层。从实际应用来说，涉及资金、内部保密信息等的一些页面，会采用 HTTPS 的机制，比如支付网站、银行网站相关页面。

从 SEO 方面考虑，主要的影响就是蜘蛛不会主动去抓取这类页面，因此，如果要求这些页面承载流量的任务，必须做一些处理。

HTTPS 站点如何建设才能对百度友好？

百度搜索引擎目前已支持抓取 HTTPS 网页，那么，使用 HTTPS 加密协议的话，该如何做到对百度搜索引擎友好呢？其实很简单。

1. 为需要被百度搜索引擎收录的 HTTPS 页面制作 HTTP 可访问版。

2. 通过 user-agent 判断来访者，将 Baiduspider 定向到 HTTP 页面，普通用户通过百度搜索引擎访问该页面时，通过 301 重定向至相应的 HTTPS 页面。如图 6-1 所示，用户点击后会自动跳入 HTTPS 版本。

3. HTTP 版本不是只为首页制作，其他重要页面也需要制作 HTTP 版本，且互相链接，切勿出现这种情况：首页 HTTP 页面上的链接依然链向 HTTPS 页面，导致 Baiduspider 无法继续抓取——我们曾经遇到这种情况，导致整个网点我们只能收录一个首页。

图6-1　HTTPS

如下面这个做法就是错误的：http://www.abc.com/ 链向 https://www.abc.com/bbs/。

4. 可以将部分不需要加密的内容，如新闻等，使用二级域名承载。比如支付宝站点，核心加密内容放在 HTTPS 上，可以让 Baiduspider 直接抓取的内容都放置在二级域名上。

6.2.5　网站的语言选择（PHP, HTML, JS, NET）

这里所说的语言，指的是开发使用的语言，比如 ASP、JSP、PHP、NET，当然还有 HTML，但是通过 HTML 纯文本建站的网站几乎绝迹了。

其实，从网站安全、内容展现和蜘蛛爬行方面来说，使用任何开发语言都可以，但是相对来说，PHP 可以更好地执行动态语言，而且负载更大，如果使用 PHP 语言，可能对于某些网站来说更好一些。

对 SEO 影响的可能是动态、静态之分导致的框架相似的问题。如果采用 PHP 统一将大量页面处理为一个框架，比如在某些页面实质内容比较少的情况下，就有可能出现页面相似度高的问题，而使用 HTML 的方式手动来编辑的页面，就不存在这个问题，可以手动调整得更好。

6.2.6　网站风格的确认

可以有很多种方法定义网站的风格，从 SEO 的角度来说，其实就是看网站文字的适量程度。从实际经验来看，文字网站比图片吸引流量会更高效一些（当然，这里需要排除特例网站，比如图片网站、分享网站）。

从 SEO 的角度考虑，如果网站能尽量通过文字的方式把核心内容表达出来吸引到蜘蛛是最优、最理想的模式，因为基于文字进行 SEO 比基于图片、视频要更容易些。但是，从运营、市场营销、PR 等的角度来说，一个图片的表达可能比千言万语都清晰，特别是这个读图的时代，用户其实也喜欢通过图片等形象具体的方式来解读信息。这个没有对错之分，只是因为工作的目标不一致导致的问题，就如同买东西希望物美价廉一样，尽管很难做到。

如何解决这个矛盾，就是要看哪个目标更重要些。如果获取流量的目标更迫切，可以多从文字的角度考虑；如果是从用户体验等方面考虑，那 SEO 就需要妥协。可能还有别的折中的方案，比如图片配文字的方式，尽管有时候信息显得冗余，但是也是不得不做出的决策。遇到这种情况，或许"聪明"的 SEO 或者"聪明"的领导会要求 SEO 考虑在技术上实现文字可以被蜘蛛看到，但是用户看不到。比如，字体小到肉眼难看到，文字设置为和页面底色一样等，一般后果都是比较容易被搜索引擎抓到，如被认定为作弊，会带来严重的后果。

6.2.7　网站的发布和告知

网站正式发布后，需要通过合理的方式尽快告知搜索引擎，引导蜘蛛爬行目标推广页面，重要的两步如下。

第一步：建立 Sitemap 文件，将目标推广的 URL 列表推送给搜索引擎。

第二步：设立 Robots 文件，将不允许蜘蛛爬行的页面在 Robots 里面定义清楚，然后把该文件上传到网站根目录下。

在 Robots 和 Sitemap 文件中，如何精细化地做好链接定义和说明，并有效告知搜索引擎，对 SEO 的效果影响较大，因为这些都切切实实影响到蜘蛛是否知晓链接存在和能否有效爬行网站。

在告知途径上，主要有几种方式。

- 通过 Robots 告知搜索引擎可以爬行的路径和禁止爬行的路径。关于 Robots 文件的具体设置见第 6 章。
- 通过直接提交网站首页 URL 引导搜索引擎到达首页，然后自行爬行内链，完成对网站的抓取，这种方式比较简单，但不是最为理想的方式。
- 通过直接提交网站 Sitemap 的方式引导搜索引擎过来爬行页面。Sitemap 即站点地图，扁平化告知搜索引擎网站的结构和页面地址，可以引导蜘蛛快速爬行到很多页面。如果更精细化，可以设置页面的权重和更新频率等信息，帮助蜘蛛更有针对性地爬行网站。

6.2.8　建立 SEO 工作的目标

网站正式启用后，需要建立 SEO 的工作目标，核心目标如下。

- 关键词目标。需要覆盖到多少关键词，这些关键词大概覆盖多少业务。

- 收录目标。网站的页面收录达到多少比例，分域名、分频道进行监控。
- 流量目标。在网站的流量来源中，来自搜索引擎的自然流量要占到多少比例，每天、每月的IP、PV数据要达到多少。

在目标指引下，需要锁定重点攻克的搜索引擎。比如百度，需要细化来自百度的流量目标、收录目标等。在实际业务中，需要对目标搜索引擎通过表格方式进行管理，后续逐渐落实。

在实际落实中，最重要的一环是关键词确认，这是 SEO 工作的重要出发点。如果不确认关键词，网页内容优化就无从说起，收录或者不收录也没有意义。SEO 最重要的目的就是捕获目标访客，并将这些访客转化为商业客户。因此，在 SEO 进入实操环节后，第一步就是确认关键词。在关键词确认方面，遵循如下逻辑。

第一，考虑公司业务属性，依据公司业务属性定义目标客户。

第二，依据锁定的目标客户，分析这些目标客户可能搜索的词汇和搜索习惯。

第三，将所有客户可能搜索的词汇进行汇总，形成 SEO 关键词最初始的工作词表。

第四，在 SEO 初始关键词表基础上，通过手工或者拓词工具（如 SEO 推广相关的拓词功能）的帮助，将关键词表进一步扩大，并在实际工作中，剔除一些没有价值的词汇，最终形成完善的 SEO 关键词表。

6.2.9　SEO 工作的监控列表

在做完 Sitemap 文件后，可以确认网站需要重点推进收录的页面；在做完关键词表后，可以确认网站需要重点获得排名的词汇。等这两个工作都有了雏形，网站的 SEO 就算逐渐步入了正轨。

接下来，SEO 工作的成果需要时时监控，并反馈到优化体系中。监控体系包括如下内容。

- 网页收录监控：包括哪些URL对应页面已经被收录，哪些没有被收录，网页收录的速度、深度等。
- 关键词排名监控：哪类关键词已经具有排名，哪些没有排名，已有排名的关键词在搜索引擎中的排名波动情况。

- 流量监控：已被收录的页面通过搜索引擎自然搜索过来的访问次数，已有
  排名的关键词带来的流量。在流量监控中，需要重点监控引流贡献最大的
  页面、词汇，重点锁定后续需要持续工作的词汇。同时，也需要重点分析
  没有收录的页面、一直不能带来流量的词汇，然后想办法进行优化。

6.3 网站运营相关的 SEO 技术

网站运营相关技术主要指网站在后续运营中，可能会出现一些特殊的事项，
比如网页丢掉等，需要通过一些特殊的 SEO 技术辅助处理。

6.3.1 301 设置和技术细节

301 是一种重定向技术，即告诉搜索引擎把一个页面永久重定向到另一个页
面的一种技术方法。

301 应用场景：网站改版后去掉的老页面可以通过 301 把 PR、外链信息传递
给新的页面；为了保持网址的规划化，可以使用 301 把一个域名永久重定向到另
外一个域名。

1. 在 .htaccess 文件中增加 301 重定向指令

```
RewriteEngine on
RewriteRule ^(.*)$ http://www.example.com/$1 [R=301,L]
```

2. 用 ASP/PHP 实现 301 重定向

ASP：

```
Response.Status="301 Moved Permanently"
Response.AddHeader "Location", "http://www.example.com/"
Response.End
```

PHP：

```
header("HTTP/1.1 301 Moved Permanently");
header("Location：http://www.example.com/");
exit();
```

6.3.2　404 设置和技术细节

404 是一种报错技术，如果页面已经被移除，外部访问者通过链接打开页面的时候，系统会自动返回错误信息，引导用户到达其他页面。404 在 Apache 服务器的配置方法如下。

（1）在本地建立一个 htaccess.txt 文件。

（2）在 htaccess.txt 文件中输入 ErrorDocument 404 /Error.html 。

（3）建立一个 HTML 页面，命名 Error.html 。

（4）把 Error.html 放置在网站根目录 。

（5）把 htaccess.txt 文件上传到根目录下，然后修改文件名为 .htaccess。

第 7 章

SEO 效果分析和考核

　　精准衡量 SEO 的工作效果，不仅是对 SEO 人员付出努力的一种考核方式，也是对 SEO 工作方式和方向的评估，可以帮助发现他们工作是否有所偏移。

　　本章需要读者关注的重点知识如下。

- 网站流量分析。
- SEO和SEM的关系。
- SEO精准流量分析。
- 网站用户行为分析。

7.1　网站流量分析

IP 数据是网站流量的基本数据。在网站的运营过程中，一般经历流量从 0 到增长、快速增长、平稳的一个过程，中间可能经常有剧烈的波动，这种波动原因可能是搜索引擎屏蔽、季节性、节日等。

在分析 IP 数据上，常用的指标有 IP 数、IP 周 / 月 / 季度 / 年度总数、IP 周 / 月 / 季度 / 年度同比或者环比变化率等。

PV 是 Page View，是网站流量和年度的核心数据。PV 的数据和 IP 数据一样经历流量从 0 到增长、快速增长、平稳的过程，中间可能经常有剧烈的波动。

PV/IP 是衡量网站页面质量的一个指标，是一个比较恒定的值。一般来说，普通的新闻网站 PV/IP 数是 1.5 ～ 3，即一个 IP 对应的用户可能会访问 1.5 ～ 3 个页面，如果 PV/IP 低于 1.5（如 1.1），证明网站的用户转化比较低，大部分用户访问后很快离开，没有深入访问网站。遇到这种情况，需要重新设计页面，包括用户引导流程、产品推荐等部分，最好辅助 A/B test 数据，看看哪种页面和流程设计最能引导用户继续往下走。

但是，PV/IP 的值会因为不同的网站类型而有所区别。比如新闻网站的 PV/IP 可能就会低于视频网站，因为新闻网站用户到达单一页面的时候，已经获得了新闻内容，他的核心需求已经满足，就有可能会跳离。而视频网站的用户一般休闲、娱乐的意味更强一些，所以，看完一个视频以后，可能会再浏览别的页面。

如果你是新闻网站的 SEO 人员，你就要想办法在用户看完目标新闻后，让他们还能多看几页，一般常用的手段是自动推荐相关新闻或者相关专辑。比如用户看一个关于马航飞机失踪的消息页面，可能下方或者右方会推荐有关马航飞机失事的更多新闻，包括新闻背景、新闻专辑等。

7.2　SEO 和 SEM 的关系

SEO 和 SEM 是一对孪生体，它们都是针对搜索引擎进行工作的。在网页结果的展示中，SEO 和 SEM 的结果展示总是一起出现的，下方框内的结果是 SEM 结果，其余的结果是 SEO 的结果，如图 7-1 所示。

图7-1　汽车搜索结果

对于公司预算来说，SEO 和 SEM 经常进行合并预算，即针对搜索引擎营销提供一笔共同的预算，考核指标也是一体的。比如年度从搜索引擎引流要占到总流量的 50%，日均从搜索引擎获得的 IP 应该到达 10 万等。

从管理上来说，部分公司 SEO 和 SEM 也归属于一个团队，由一个领导进行管理。因此，在做 SEO 和 SEM 的计划上，需要一体化考虑，可以做如下分解，如表 7-1 和表 7-2 所示。

表7-1　SEO和SEM计划

领域	总计划	SEM计划	SEO计划
流量	总流量	SEM流量目标	SEO流量目标
预算	总预算	SEM预算控制	SEO预算控制

SEO 和 SEM 按月计划如下。

表7-2　SEO和SEM按月计划

月	SEM流量目标	SEM预算	SEO流量目标	SEO预算
1				
2				
3				
4				
5				
6				
7				
8				
9				
10				
11				
12				

通过对任务和预算进行分解，SEM 和 SEO 的目标和预算就很明确了。

7.3　SEO 精准流量分析

SEO 精准流量，即来自搜索引擎的流量是 SEO 努力得到的流量，主要是基于关键词的优化得到的流量引入。商品的转化一般采用漏斗分析模型，分析流量进入产品详情页以后，单击购买、下单成功、支付成功这几个关键环节的流量转化情况。

在引流精准的情况下，商品的转化效率会比较高。

实际上，到达商品页面的流量来源有很多种途径，有 SEO 流量、SEM 广告流量，也有站内跳转流量或者其他外链过来的流量等。

从 SEO 方面考虑，需要依据页面流量分析来自 SEO 的流量词汇是否精准，然后分析精准词汇引流的转化过程，不断校正引流的思路，才能不断提高商品的转化率。

7.4 网站用户行为分析

网站用户行为分析可以帮助 SEO 人员对工作效果进行评估。如果引入的用户能够按照既定的目标进行操作，如借款类网站，通过信贷类词汇将客户吸引到对应页面，若客户能按照既定目标完成借款申请的填写，即证明 SEO 词汇引来的客户非常精准，但是，如果客户进来后，没有任何兴趣，可能是信贷产品本身不吸引人，也有可能是 SEO 的工作有偏差，比如吸引来的客户并非是借款类的客户。

7.5 SEO 考核基本数据建议

对 SEO 工作的考核，不能使用单个关键词排名的考核方式。然而，这恰恰是很多公司的考核办法。很多刚刚接触 SEO 推广模式的企业，如果某个关键词不能排到指定位置，即使网站的流量已经大大提升，并带来了不少精准客户，也认为 SEO 工作没有任何效果。

SEO 考核不是考核整站流量。在实际的工作中，很多企业把流量的责任放到 SEO 的考核目标里，这是对的，也是不对的。因为 SEO 工作通过排名确实可以提高流量，但是，仅是提高搜索引擎过来的流量，而不是全部的流量。如果让 SEO 人员对全部流量负责任，这样权利和义务就不对等了。

SEO 考核的合理数据和方式。合理的 SEO 考核包括全部关键词的排名，从搜索引擎过来的引流。考核时间最好是 1 个月一次，这样能考核出比较明显的差异。在网站进行优化后，需要间隔 2 ～ 3 个月开始对优化效果进行考核，因为搜索引擎重新抓取、调整排名机制需要一段时间。

7.6　SEO 考核需避免的事项

在 SEO 结果考核方面，需要避免几个考核误区，考核才能起到意义，避免考核手段的错误使用，导致严重的后果。

需避免误区一：避免短视的伪流量论。

SEO 工作的手段包括提高关键词排名、提高收录比例等，都是为了提高流量，从这个意义说，流量指标作为考核 SEO 的一个指标没有太大的问题。然而，需要避免短视的流量论，因为除了正规的 SEO 方式提高流量，还有很多不正规方式可以提高流量。例如，刷流量。通过各种流量社区，购买非正常的流量，从普遍情况来看，这种流量的导入是不正常的，经济意义也不大。经常可见的是，每个流量计划后面，有一群"刷客"，在一个统一的口号下，按照指定时间、地点发起大规模的页面单击。精巧一点的刷流量计划，还会要求刷客在客户网站停留一定时间。在这里，最无底线的一种刷法，即机器单击。不管是什么样的刷流量办法，都需要在考核的时候考虑的，尽量避免伪流量论。特别是在 SEO 项目外包的时候，更是需要格外注意这点。

需避免误区二：避免唯单一的关键词排名论。

SEO 关键词排名是 SEO 工作成果的一个重要指标，但是，在考核上，需要警惕唯单一的关键词排名论，原因如下。

原因一：SEO 的工作是实现整体 SEO 排名的提升，非单一关键词的排名提升。

原因二：关键词的难易程度不同。如果是竞争最激烈的关键词（一般是搜索量最大的关键词），做到搜索结果首页就极其艰难了，如果要做到第一是非常困难的，而次要和稍长尾的关键词，就会比较容易些，有的关键词可能并不是别家的竞争词汇，甚至可能不用优化就已经排名第一。

原因三：关键词的排名是否稳定是一个重要指标，如果排名靠前，但是很快就消失，并不算很好的 SEO 效果。在单个关键词排名方面，有的优化人员会采用急功近利的方式去提升关键词排名，比如短时间内建立大量外链，外链质量参差不齐，或者用人工的方式用搜索引擎反复搜索该词汇并单击，制造人为的 CTR 提升等。

第8章
SEO 工具和社区

好的工具能起到事半功倍的作用，在 SEO 工作上，善于利用工具进行工作，对提高工作效率非常有帮助。基本的 SEO 工具包括网站分析类、词汇分析类等。

本章需要读者关注的重点知识如下。

- 站长平台的使用。
- 关键词挖掘工具。

8.1　网站管理工具

百度站长平台是一个针对网站站长的管理平台，可以进行网站的验证、Sitemap 提交、查询网站收录进度、网站抓取频次调整等。百度站长平台还提供了 SEO 的优化建议，并进行了算法公布。作为 SEO 人员，需要经常关注百度站长平台的信息。

百度统计是百度推出的一款免费的专业网站流量分析工具，具有网站流量统计、访客行为分析等功能，通过百度统计可以查询网站的流量变化、来源关键词、用户停留时间、访问深度等数据。

谷歌站长平台是一个针对网站站长的管理平台，功能和百度站长平台类似。

Google Analytics 是谷歌推出的免费网站统计分析平台，功能类似百度统计，但是比百度统计更加强大，可以查询网站的流量变化、来源关键词、用户停留时间、访问深度等数据，同时，还可以对网站进行各种角度的分析，比如关联谷歌按点击付费在线广告网站后，可以支持 SEO、SEM 的流量分解，SEM 效果监控等。

8.2　预测工具

百度指数是一个网民数据的分享平台，通过百度指数可以查看每个关键词的热门程度和搜索趋势，对于网民行为分析、行业动态分析、舆情监控、网民特征分析等具有积极的作用。

百度预测是一个基于大数据的预测平台，通过对大数据的分析，可以预测一些社会现象的变化，比如经济指数预测、景点预测、欧洲赛事预测、世界杯预测、高考预测、电影票房预测等。

Google Trends 提供关键词的检索趋势，类似百度指数。

淘宝指数是淘宝官方的免费的数据分享平台，用户通过它可以窥探淘宝购物数据，了解淘宝购物趋势。淘宝商家可以通过这个工具分析每个关键词的变化趋势和对应的人群特征，还可以对关键词进行比较分析，它是一款非常优秀的数据产品。

8.3　SEO 关键词挖掘和优化工具

SEO 关键词挖掘工具为关键词的发现工具，主要功能是：通过一个词汇来找到其他的相关词汇，找到的主要是该词汇的类似词和长尾词。一般来说，不同的关键词挖掘工具推荐的词汇会有差异，主要是基于工具本身所沉淀的数据，而这类沉淀数据来源是有差异的。一般来说，如果基于类似通用搜索引擎的优化，可以使用绝大多数 SEO 关键词推荐工具，而基于某个特定场景或者特定平台进行优化，建议使用平台相关的关键词推荐工具。例如，老 A 工具箱是比较好的淘宝 SEO 的工具，关键词挖掘、上架分析等功能比较强，对于精细化 SEO 操作，可以大大提高效率。

关键词优化工具主要是对 SEO 的部署等进行诊断，给出优化的方向，如诊断死链、无关键词页面、网站访问速度等。在使用优化工具的时候，不要过度迷恋工具，工具更多的时候只是用来提高效率的，通过工具发现问题后，需要深入分析系统给出的建议是否是完全正确或者说合适的，忌讳直接用工具的建议完成优化。

8.4　SEO 相关交流平台

SEO 是一个要求不断学习的行业，因此，和同行业的交流显得尤为重要。通过和行业人士的交流，可以学习最新的 SEO 技术，求教问题的解决思路，参考更多的案例。

国内比较知名的 SEO 交流社区当属 SEOWHY 社区，在这个网站上，你可以查看与 SEO 相关的知识，网站按照类别对 SEO 的知识进行了整理和分类，很多知识对于 SEO 初学者非常有帮助。另外，在网站的论坛模块，依据 SEO 的领域设计了详细的子论坛，其中包括一些比较深入的问题讨论和分享。

第 9 章
SEO 系统

    SEO 系统是关于 SEO 工作的支撑系统，分为日常监控系统和优化辅助系统。日常监控系统主要包括流量监控系统、关键词排名监控系统、收录监控系统、外链监控系统、竞争监控。日常分析系统包括内容分析系统和抓取分析系统。

    排名监控系统主要包括关键词管理模块和排名数据模块。

    SEO 辅助系统能在线辅助 SEO 人员进行系统优化，和监控系统的差别在于监控系统得到的是一个汇总的最终结果，而优化系统是直接给出优化的思路，支持 SEO 工作的流转。

    本章需要大家重点关注的内容如下。

- 关键词排名、收录排名监控数据类型。
- 蜘蛛爬行网页的行为。
- 关键词密度监控。

9.1 监控系统

日常监控系统主要包括流量监控系统、关键词排名监控系统、收录监控系统、外链监控系统、竞争监控系统。

日常分析系统包括内容分析系统和抓取分析系统。流量监控系统能自动检测网站的流量信息，特别是可以分离出 SEO 和 SEM 的数据，如图 9-1 所示。

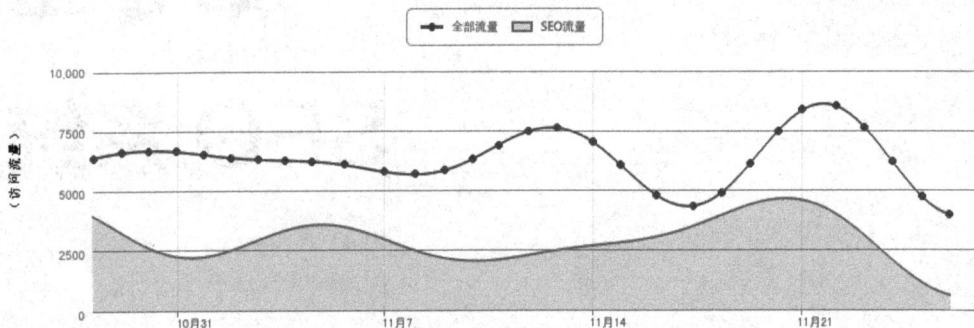

图9-1　全部流量和SEO流量图

或者可以补充外链流量数据，如图 9-2 所示。

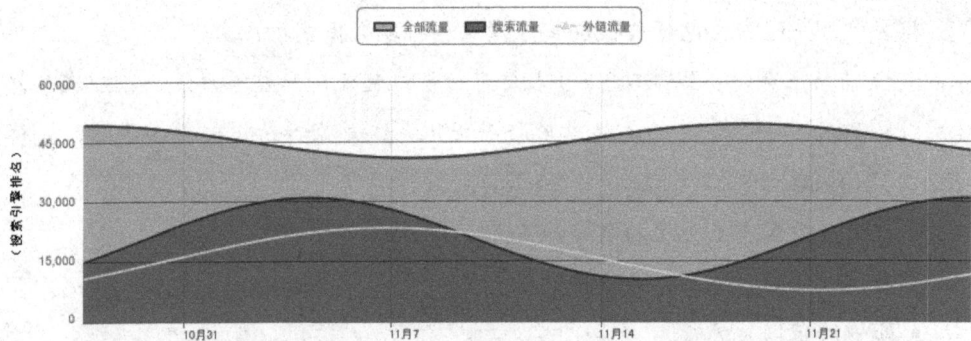

图9-2　全部流量、SEO流量和外链流量图

关键词排名监控系统即用于监控关键词排名的系统，主要包括关键词管理模块和排名数据模块。

其中，关键词管理模块需要满足 SEO 人员对于关键词的批量管理、增量录入和删除的需求，让 SEO 人员能够比较好地完成关键词的日常管理。排名数据模块能将关键词批量、定期地发送到搜索引擎进行检索，并将排名信息提取回来。

所以，在整个监控系统中，需要有一个蜘蛛程序能将关键词发送到搜索引擎（比如百度）进行查询，并且将其排名信息提取回来，然后分析结果页面的信息，如排名、网站 URL 等。

通过关键词排名监控系统，除了能得到本网站的关键词信息以外，也获得了竞争对手的 SEO 数据，因为根据提取回来的排名数据，可以分析竞争对手的信息。

关键词排名监控系统需要面对的一个难题是如何将排名信息解析出来。因为部分搜索引擎的结果页的数据实际是加密的，需要对数据进行解密才能提取到对应的信息。

收录监控一般的做法是管理网站的 URL 列表，通过程序自动发送 URL 列表到百度搜索框，去查询对应页面是否显示被收录，这个数据是最准确的。但是大型网站的 URL 数量非常多，针对重要频道页面进行查询即可，对非流量关键页面可以不做监控。

关键词排名 监控系统和收录监控系统最大的问题是如何向搜索引擎发起查询，因为同一个时间点大批量地发起查询，很容易引起搜索引擎的警惕，很有可能屏蔽掉蜘蛛程序。为了能持续查询数据，最好的解决办法是多准备蜘蛛程序，同时分散、小批量地进行查询。关键排名监控表如表 9-1 所示。

表9-1　关键词排名监控表

排名信息采集情况					
目标词汇数量		采集到排名关键词		有排名关键词占全部关键词比例	
搜索引擎具体排名情况					
	百度前3位关键词数量		百度前3位关键词占全部关键词比例		百度前3位关键词数量同比上周变化%
	百度前10位关键词数量		百度前10位关键词占全部关键词比例		百度前10位关键词数量同比上周变化%
	百度前50位关键词数量		百度前50位关键词占全部关键词比例		百度前50位关键词数量同比上周变化%

搜索引擎具体排名情况			
搜狗	搜狗前3位 关键词数量	搜狗前3位关键词 占全部关键词比例		搜狗前3位关键词 数量同比上周变化%
	搜狗前10位 关键词数量	搜狗前10位关键词 占全部关键词比例		搜狗前10位关键词 数量同比上周变化%
	搜狗前50位 关键词数量	搜狗前50位关键词 占全部关键词比例		搜狗前50位关键词 数量同比上周变化%

在百度和谷歌出现在前 50 位的关键词占所有关键词的比例如图 9-3 所示。

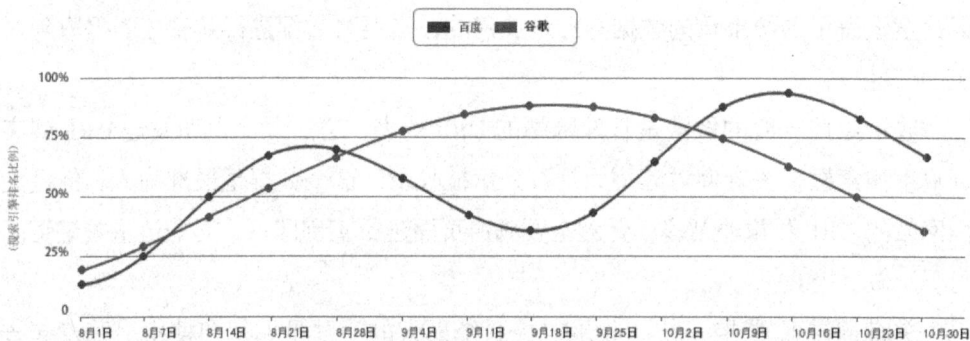

图9-3　百度和谷歌前50位关键词占全部关键词比例

收录监控表如表 9-2 所示。

表9-2　收录监控表

总收录 统计					
域名					
总页面	收录页 面数量	收录页面数占 总页面数比例			
分频道 统计					
频道1	总页 面数	收录页 面数量	收录页面数量占该 频道页面数量比例		收录页面数量同 比上周变化%
频道2	总页 面数	收录页 面数量	收录页面数量占该 频道页面数量比例		收录页面数量同 比上周变化%
频道3	总页 面数	收录页 面数量	收录页面数量占该 频道页面数量比例		收录页面数量同 比上周变化%
……					

网站每一个节点页面收录比例如图 9-4 所示。

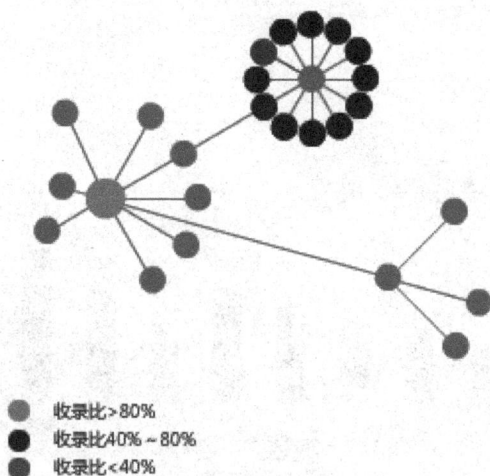

图9-4 收录比例

因为网站是纵深的结构，一次性查看所有收录详情可能不现实，可以逐级展开，定位到对应频道，再显示下级收录数据，这是一种更可行的方式，如图 9-5 所示。

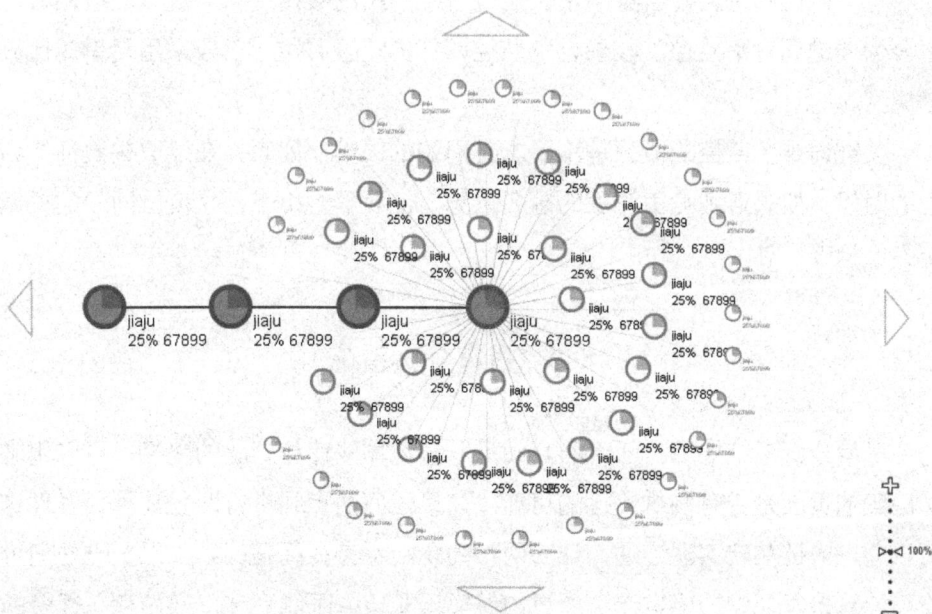

图9-5 整站收录比

外链监控系统是按天监控网站的外链网站数量和外链网页数量变化，如图 9-6 所示。

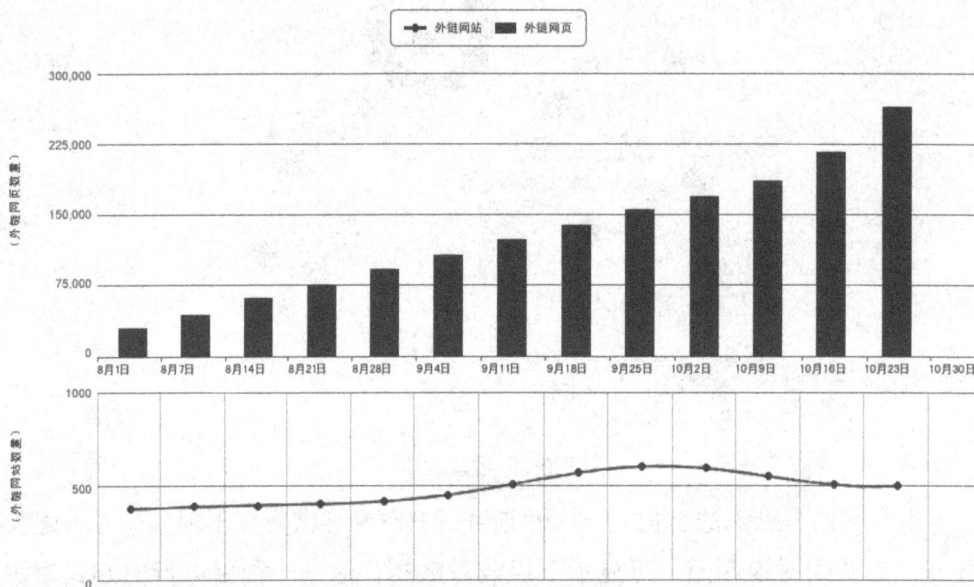

图9-6 外链监控图

竞争监控系统监控自身网站和竞争对手网站的数据变化。竞争监控同样可以区分为关键词竞争监控、收录竞争监控、外链竞争监控，一般采用量量对比分析的模型。

关键词排名监控的模型是基于本身网站的关键词列表，在抓取关键词排名信息的时候，如果遇到竞争对手的排名信息，也要解析出来，和自己网站的关键词排名信息进行对比。

9.2 日常分析系统

日常分析系统如下：任何两点间可以通过算法计算到达的路径，可以用来分析深藏的页面是否有蜘蛛爬行的可能。如果任何两点间进行路径计算，发现蜘蛛可以通过内链跳转实现连通，证明网站的跳转不存在问题；如果很多点之间进行路径计算，发现蜘蛛根本无法通过内链实现跳转，可能意味着网站存在很多的页面孤岛，从而导致页面的收录存在问题。蜘蛛爬行分析路径如图 9-7 所示。

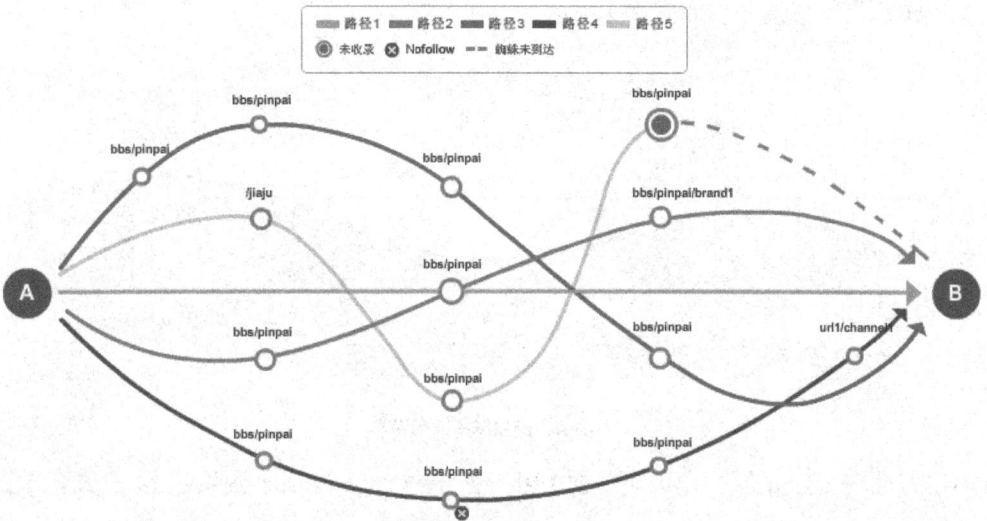

图9-7　蜘蛛爬行分析路径

　　抓取分析系统通过分析日志的蜘蛛数据，提取蜘蛛爬行的时间和轨迹，从而分析出蜘蛛对网站的访问行为，这是和蜘蛛的行为反向的分析工作，蜘蛛到网站是分析网站的结构和内容，提取有价值的网页推荐给用户，而从 SEO 角度来说，分析蜘蛛的行为轨迹，是为了分析网站的内链结构是否合理，蜘蛛对网站的访问是否有规律性，从而更好地引导蜘蛛访问网页，或者升级网站时避开蜘蛛访问高峰期。蜘蛛爬行时段分析如图 9-8 所示。

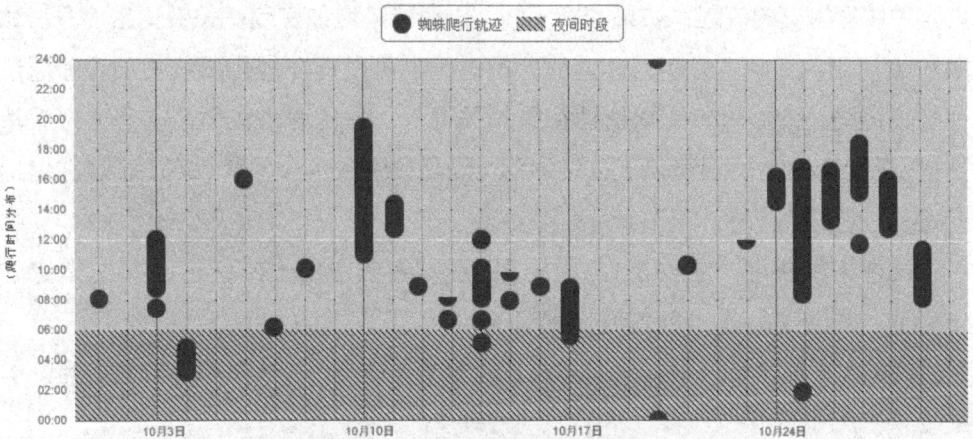

图9-8　蜘蛛爬行时段分析

蜘蛛爬行流量分析如图 9-9 所示。

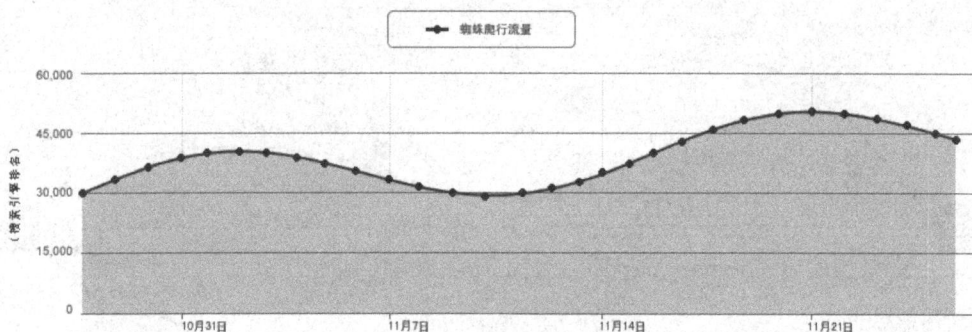

图9-9　蜘蛛爬行流量分析

怎么在日志文件中提取到蜘蛛数据呢？首先需要识别出蜘蛛的 IP 或者名字，比如百度的蜘蛛命名为 Baiduspider。

9.3　优 化 系 统

优化系统是一个辅助进行实时优化的系统，主要包括关键词实时优化系统和收录优化系统。

关键词优化系统工作是实时分析关键词排名，判断页面优化是否满足标准的，同时，判断是否有页面内容承载这个词。如果没有承载这个词，就快速补充内容并快速提交的流程；如果密度不够，需要考虑增加密度，关键词密度分析如图 9-10 所示。另外，SEO 关键词的分析系统也可以算在优化系统里面，即通过核心关键词，依据日志数据快速拓展相关词汇，并自动采集词汇的历史搜索量数据，在此基础上，对可以优化的词汇（满足搜索量、满足竞争度）形成关键词列表。

收录优化系统，主要工作是快速发现没有收录的 URL，自动补充指定的 Sitemap，并进行提交，同时针对这类 URL 持续跟踪。

在关键词优化系统中，我们需要管理两类关键词，一类是引流热词，另一类是经典关联词汇。

引流热词一类是针对互联网的热门词汇进行管理的词汇，能短时间内吸引大量流量；一类是经典关联词汇，即通常意义的 SEO 关键词。例如，海外房产、出国游等可能是阶段性特别热门的词汇，可以通过新闻等方法来捕获流量，就是这里所定义的引流热词；一个教育类门户网站，日常管理的关键词可能是雅思教育、出国教育等词汇，即经典关联词汇。

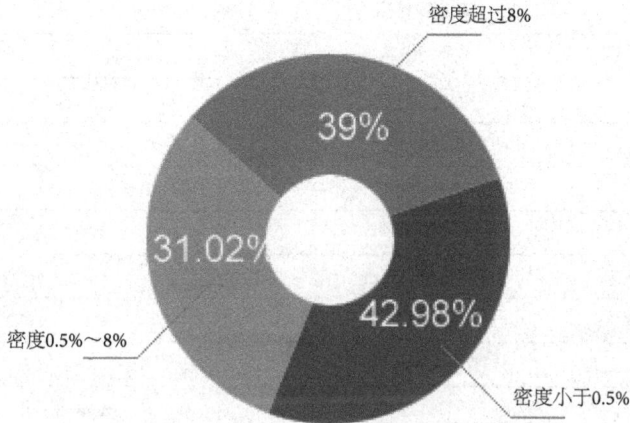

图9-10　网页关键词密度分析

引流热词主要通过系统持续跟踪互联网的热词，数据来源有百度热门搜索词汇、其他门户或者自己站内的热门搜索词汇等，标准主要是搜索量、近期排名上升的名词、热门榜单排行名词等可以量化的指标。

9.4　SEO 系统设计示意

如果公司要搭建一个 SEO 综合管理系统，要怎么做呢？实际上，就是把监控系统、分析系统、优化系统等系统都加入到系统中。那么应该怎么进行架构呢？

9.4.1　系统整体架构图

系统整体架构图即对整个系统架构有一个完整的考虑，需要规划清楚主要的功能模块和输出方案。在系统整体框架图设计方面，可参考表 9-3。

表9-3　SEO系统综合框架

模块	一级子模块	二级子模块
SEO管理库	SEO关键词列表	
	网站URL列表	
	网站域名列表	
	网站基本策略等级表	
监控系统	监控模块	
	关键词排名监控	
	收录监控	
	流量监控	
	蜘蛛爬行监控	
分析系统	内链分析-Path	
	热词覆盖率分析	
	热词To-do-list	
	单页面优化系统	Meta检测和优化建议
		Alt检测和优化建议
优化系统	外链检测	
	锚文本检测	
	整站批量优化	Meta Title优化
		Meta Keywords优化
		Meta Description优化
		Alt优化
	综合检测	

9.4.2　单页面优化系统功能点示意

在优化页面方面，最核心的是能按照目标关键词去检测页面的优化结果，如下。

假设选择关键字：室内装修。

指定目标优化虚拟页面：http://www.abc.com/zhuangxiu.html。

执行检测后，输出结果如下。

页面状态检测　　　　　　　　　　　　　　　　　　　+5

Http-Status：200

关键词在元标签中的检测　　　　　　　　　　　　　　　　　　+40

标题 (Title) 标签检测　　　　　　　　　　　　　　　　　　　+20

Title：室内装修 - 高档室内装修网。

检测结果：标题包含关键词"室内装修"，字符：46。

优化建议：4 ～ 26 个中文字符，包含关键词，关键词尽量靠前，同时，尽量避免在标题中出现无关词汇，因为无关词汇会弱化关键词的权重。

描述 (Meta Description) 标签检测　　　　　　　　　　　　　+10

Meta Description：室内装修是装修行业的一个重要领域，本文将带给你普及室内装修相关的知识和信息。

检测结果：描述出现"室内装修"词汇两次，字符：*。

优化建议：通过一句包含关键词的话来描述当前文章的主要内容。字符数最好在 50 ～ 149 个，包含空格。尽量把关键词安排在描述文字的前面，便于读者和搜索引擎能看到文章最重要的信息。在描述中尽量不要出现和文章内容无关的描述性文字。

关键词 (Meta Keywords) 标签检测　　　　　　　　　　　　　+10

Meta Keywords：室内装修、室内装修材料、室内装修风格、室内装修案例。

检测结果：出现关键词和关键词长尾 4 次。

优化建议：设置 3 ～ 5 个关键词或者长尾关键词，每个词汇中间用英文半角逗号隔开。

关键词密度检测　　　　　　　　　　　　　　　　　　　　　+10

检测结果：页面关键词密度：0.2%。

优化建议：通过在页面设置合理的关键词和长尾关键词，保持关键词密度在 2% ～ 8% 为宜。关键词密度过低不利于排名，关键词密度过高则容易触发搜索引擎的惩罚机制。

关键词在文章内容中的检测　　　　　　　　　　　　　　　　+20

关键词在 H1/H2 的应用检测   +10

检测结果：关键词没有出现在 H1 或者 H2 中。

H1：

H2：

优化建议：在 H1 中设置关键词，在 H2 中设置长尾关键词。

关键词加粗检测   +10

检测结果：关键词在文章中没有出现加粗（strong 或者 bold）设置。

优化建议：在文章正文中，第一次出现关键词的时候适当加粗。同时，为了有更好的阅读体验和避免搜索引擎的惩罚，不要在文章中过分增加关键词加粗的操作。

关键词在图片应用中的检测   +5

关键词在图片 Alt 中的应用检测

检测结果：共有 4 个 Alt 包含关键字的图片出现在文章中，如下。

图片 1：Alt 文字为""。

图片 2：Alt 文字为""。

图片 3：Alt 文字为""。

图片 4：Alt 文字为""。

优化建议：在图片 Alt 中适当应用关键词，便于搜索引擎更好地识别图片的内容，同时增加文章的关键词密度。

关键词在链接应用中的检测   +10

关键词在站内锚文本的应用检测

检测结果：共有 5 个包含关键词的内部锚文本指向当前页面，如下。

锚文本 1：文字为""，来源页面：http://......。

锚文本 2：文字为""，来源页面：http://......。

锚文本 3：文字为""，来源页面：http://......。

锚文本 4：文字为""，来源页面：http://......。

锚文本 5：文字为""，来源页面：http://......。

优化建议：锚文本是排名的一个重要参数，建议设置 5 个以上的以关键词和当前页面为目标的站内锚文本。

其他检测	+10
页面内容独特性检测	+5

检测结果：文章内容原创性比较差，和以下虚拟页面的文章内容存在较高的重复度。

http://www.tt.com/1.html

http://www.rr.com/5.html

9.4.3 外链检测功能点示意

外链检测需要自己域名的外链数据分析和竞争对手的外链数据分析，具体框架可参考如下步骤，具体输出图片可参考图 9-11。

链接信息

第一步：输入比较的域名。

http://   http://

第二步：查看结果。

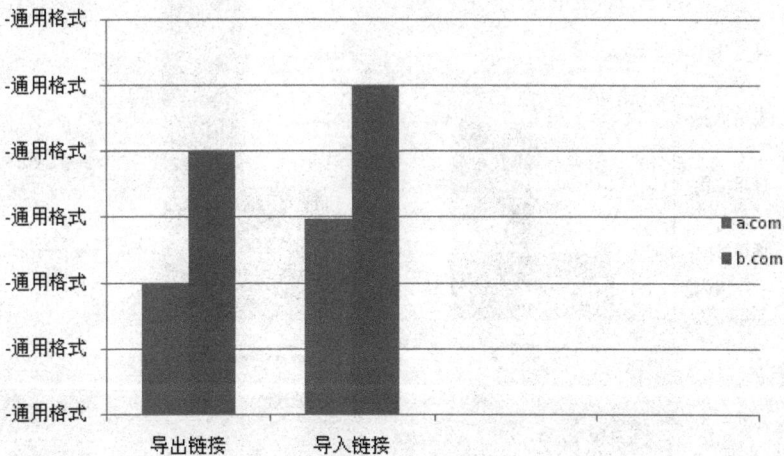

图9-11 链接分析

同时，输出每个域名下详细的外链信息。

域名 a.com 下，导出链接详情如下。

http://......

http://......

域名 a.com 下，导入链接详情如下。

http://......

域名 b.com 下，导出链接详情如下。

http://......

http://......

域名 b.com 下，导入链接详情如下。

http://......

9.4.4　锚文本检测功能点示意

锚文本检测重点需要支持内部锚文本和外部锚文本的检测和结果输出，结果
输出图片，可以参考图 9-12。

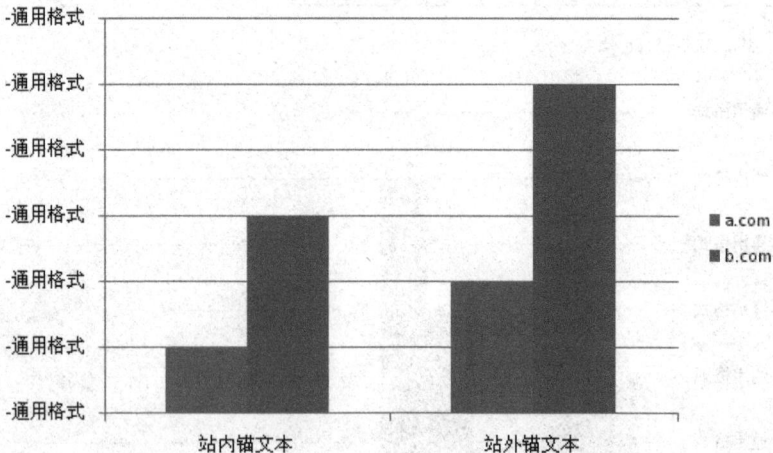

图9-12　锚文本分析

同时，输出每个域名的锚文本信息如下。

在域名 a.com 下，站内锚文本分析如表 9-4 所示。

表9-4　域名a.com下站内锚文本

a域名锚文本所在页面	跳转到的a域名站内页面	锚文本文字
http://	http://	房产
http://	http://	房子
……	……	……

在域名 a.com 下，站外锚文本分析如表 9-5 所示。

表9-5　域名a.com下站外锚文本

外部域名锚文本所在页面	跳转到的a域名页面	锚文本文字
http://	http://	房产
http://	http://	房子
……	……	……

在域名 b.com 下，站内锚文本分析如表 9-6 所示。

表9-6　域名b.com下站内锚文本

b域名锚文本所在页面	跳转到的b域名站内页面	站内锚文本文字
http://	http://	房产
http://	http://	房子
……	……	……

在域名 b.com 下，站外锚文本分析如表 9-7 所示。

表9-7　域名b.com下站外锚文本

外部域名锚文本所在页面	跳转到的b域名页面	站外锚文本文字
http://	http://	房产
http://	http://	房子
……	……	……

另外，在外链分析数据中，可以考虑是否要加入 PR 信息。如果要加入 PR 信息，则需要在抓取页面的时候，先抓取 PR 信息，如果临时发起请求，是没有办法抓取的；实际上，全网抓取时没有抓取 PR 信息，如果临时去抓取，需要耗费较长的时间。

另外，在进行外链分析前，需要区分是内链信息，还是外链信息。一般来说，外链信息包括外链 URL、PR、锚文本、数量，而内链信息包括内部链接 URL、PR、锚文本、数量。

9.4.5　网站诊断模块功能点举例示意

为了提高效率，可以从整站模式发起诊断和优化，即通过程序快速对网站进行分析，得到一个网站整体的 SEO 问题列表，这样快速锁定优化方向时可事半功倍。整站模式诊断主要包括 7 大块。

模块一：标题（Title）设置为空的页面检测。

模块二：关键词标签（Meta Keywords）设置为空的页面检测。

模块三：描述标签（Meta Description）设置为空的页面检测。

模块四：图片 Alt 设置为空的页面检测。

模块五：内容重复率高的页面检测。

模块六：死链检测。

模块七：标题（Title）重复的页面检测。

每一个模块检测结果的输入示意如下。

模块一：标题（Title）设置为空的页面检测输出结果和建议。

标题设置为空的页面：15个，详情如下。 http://...... http://.... http://.... Http://.... …… 死链：13个 内容高度重复的页面：6个	<!DOCTYPE html><!--STATUS OK--><html><head> <meta http-equiv="X-UA-Compatible" content="IE=7"> <meta http-equiv="content-type" content="text/html;charset=gb2312"> <title>　　</title> …… …… ……

建议：标题设置1～2个关键词，字符长度控制在4～26个中文，例如，
<title>室内装修-高档室内装修材料介绍</title>。

模块二：关键词标签（Meta Keywords）设置为空的页面检测输出结果和建议。

关键词标签设置为空的页面：15个，详情如下。
 	
http://......
http://......
http://......
Http://......
......
 	
死链：13个
内容高度重复的页面：6个
	`<!DOCTYPE html><!--STATUS`
	`OK--><html><head>`
	`<meta`
	`http-equiv="X-UA-Compatible"`
	`content="IE=7">`
	`<meta http-equiv="content-type"`
	`content="text/html;charset=gb2312">`
	`<title>室内装修-高档室内装修材料介绍</title>`
	`<Meta name=" Keywords" content=" ">`
	
	`......`

建议：关键词标签设置3～5个关键字，每个关键词之间用半角英文逗号隔开，比如<meta name=" Keywords" content="买房,租房,换房,居家房产网 ">。

模块三：描述标签（Meta Description）设置为空的页面检测输出结果和建议。

描述标签设置为空的页面15个，详情如下。
 	
http://......
http://......
http://......
Http://......
......
 	
死链：13个
内容高度重复的页面：6个
	`<!DOCTYPE html><!--STATUS`
	`OK--><html><head>`
	`<meta http-equiv="X-UA-Compatible"`
	`content="IE=7">`
	`<meta http-equiv="content-type"`
	`content="text/html;charset=gb2312">`
	`<title>室内装修-高档室内装修材料介绍</title>`
	`<Meta name=" Keywords" content="买房,租房,`
	`换房,居家房产网 ">`
	`<Meta name=" Description" content=" ">`
	`......`

建议：描述标签通过一句话来介绍页面的主要信息，巧妙出现关键词1～2次，比如<meta name=" Description" content=" 居家房产网专注于房产信息服务领域，提供买房、租房、换房等详细信息。">。

模块四：图片 Alt 设置为空的页面检测输出结果和建议。

图片Alt设置为空：15个，详情如下。

所在页面：http://......

图片名称：polo.gif

http://......

http://......

Http://......

......

死链：13个

内容高度重复的页面：6个

```
<body id="view">
<div id="userbar">
</div>
<div id="search">
<div id="logo">
<a href="/">
<img alt=" "
src="http://www.abc.com/img/ polo.gif"/>
</a>
</div>
<div id="search-content">
......
......
......
```

建议：Alt标签通过一个包含关键词的简单的句子来描述图片的内容，比如
<img src="dancing.jpg" Alt="一个漂亮的女孩在跳舞"/>。

模块五：内容重复率高的页面检测输出结果和建议。

内容重复率高的页面：16个，详情如下。

重复率80%～100%的页面有2个。

http://......

http://......

重复率60%-80%的页面有8个。

http://......

http://......

......

死链：13个

内容高度重复的页面：6个

重复内容通常是指域内或多个域之间存在的、与其他内容完全匹配或大致类似的内容。

大量重复内容的存在会影响用户体验，有可能导致搜索引擎对网站的不信任，将页面从索引中删除，导致无法在搜索引擎中被搜索到。

建议：通过修改文字或者采用技术措施等办法，降低页面的相似度。

- 使用 301 重定向：将重复内容的页面统一定向到其中一个页面。

- 保持一致：尽量保持内部链接一致。例如，请勿链接到 http://www.example. com/page/、http://www.example.com/page 和 http://www.example.com/page/index.htm。

- 最大限度地减少重复的样板文字。例如，不在网页的底部添加冗长的版权文字，只添加一段简短摘要，然后链接到能够提供详细信息的网页。

- 避免发布尚无实际内容的网页。如果确实创建了占位符页，请使用 noindex 元标记阻止搜索引擎将这些页编入索引。

- 最大限度地减少相似内容。如果多个网页内容相似，那么请考虑扩充每个网页的内容，或将这些网页合并成一个。例如，如果旅行网站上包含两个城市的不同网页，但两个网页中的内容相同，那么，可以将这两个网页合并为一个网页来介绍这两个城市的相关信息，或者也可以扩充每个网页的内容，使其包含相应城市的独特内容。

模块六：死链检测输出结果和建议。

死链结果：10个，详情如下。
所在页面：http://死链2个。

  死链：

    http://......

    http://......

所在页面：http://死链8个。

  死链：

    http://......

    http://......

    ......

死链：13个
内容高度重复的页面：6个

死链接是不能打开的URL，服务器直接返回404错误提示。

死链的存在影响用户体验，同时阻碍搜索引擎的蜘蛛程序爬行到网页，对页面收录存在影响。

建议：删除死链接或者修复死链，让网站结构更加顺畅，办法如下。

- 检查在数据库不再支持的条件下，动态链接是否变成死链。
- 检查某个文件或网页是否移动了位置，导致指向它的链接变成死链。
- 检查网页内容是否更新并换成其他的链接，原来的链接变成死链。
- 检查网站服务器是否设置错误。
- 检查网站是否还没有完全做好就上传到服务器了，这样也会出现很多死链。
- 检查文件夹名称是否修改，路径错误链接变成死链。

模块七：标题（Title）重复页面检测输出结果和建议。

标题重复的页面15个，详情如下。 http://...... http://...... http://...... Http://...... …… 死链：13个 内容高度重复的页面：6个	…… …… …… …… …… …… <title>室内装修-高档室内装修材料介绍</title> …… …… ……

建议：标题设置1～2个关键字，字符长度控制在4～26个中文，每个页面的标题需要有所区别，整站不要存在重复标题。

9.4.6 展现层面的设计

SEO 诊断输出的结果如何在展现层面合理呈现呢？下面是一些基本的设置思路，如表 9-8、表 9-9 和表 9-10 所示。

表9-8 站外锚文本

项目1	数量	优化入口
重复Title	15	详细
没有Title	10	详细

表9-9 以关键词为评分基础

关键词	目标URL	SEO基础指标评分	优化入口	备注
A	Http://a.html	60	详细	
B	缺	/		需要补充目标URL才会有基础评分数据
……				

表9-10 链接分析

外链	外部锚文本	内链	内部锚文本	入口
19	12	13	10	详细

如何把上面优化的内容整合到一起呢？可以按照图 9-13、图 9-14 和图 9-15 所示（注：abc.com 为假设的网站）操作。

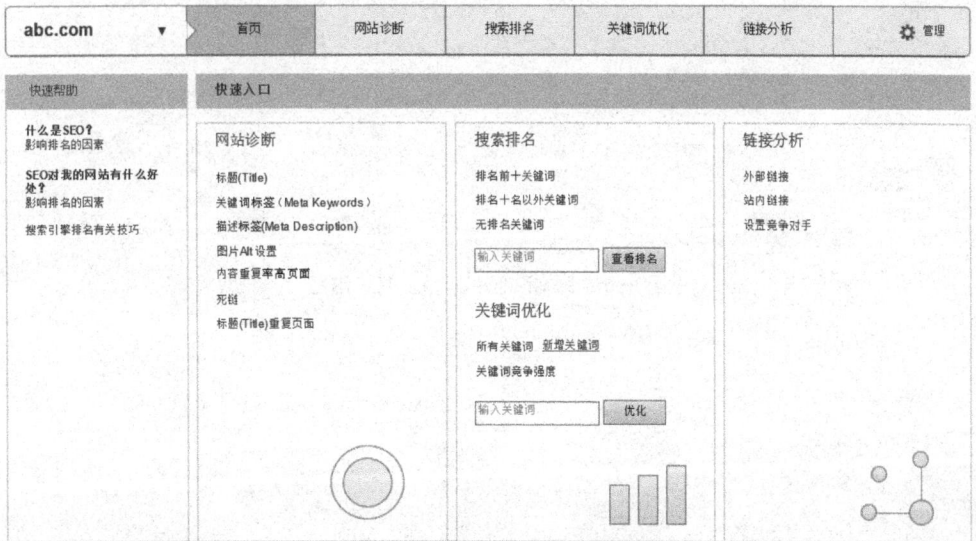

图9-13 网站诊断基本流程-首页

| abc.com ▼ | 首页 | 网站诊断 | 搜索排名 | 关键词优化 | 竞争对手比较 | ⚙ 管理 |

| 概况 | 上次诊断：2012-03-07　↻ 更新 | | 导出为：PDF WORD |

死链		
重复页面	**诊断结果**	**页面关键词**	**展现频率**
无关键词页面	标题设置为空的页面：	15个	关键词1
页面标题为空	没有设置描述的页面：	39个	关键词2
页面描述为空	没有出现关键词的页面：	23个	关键词3
显示更多	死链：	13个	关键词4
	内容高度重复的页面：	6个	关键词5
	站内所有锚文本：	300个	关键词6
需要帮助？			关键词7
SEO基本指标			更多>>
网站页面设置对SEO的影响			

图9-14　网站诊断基本流程-网站诊断

| abc.com ▼ | 首页 | 网站诊断 | 搜索排名 | 关键词优化 | 链接分析 | ⚙ 管理 |

排名概况	全部关键词			2012-03-07
排名前十				
前十名以外	百度　Google（谷歌）　搜搜　Bing（必应）　Yahoo　+			
无排名	关键词	最近排名 ↑	历史最好排名	排名曲线	竞争对手排名 设置
	关键词1	5	2	〰	-
	关键词2	3	1	〰	-

显示行数：10　转到：1　第1-1项，共1项　< >

图9-15　网站诊断基本流程-搜索排名

154

第 10 章
SEO 团队和项目管理

网站 SEO 工作是一项持续、系统的工作，因此，对 SEO 团队的管理和对每个项目的有效管理非常重要，只有团队作战，最后才能获得更好的 SEO 效果。

本章需要读者关注的重点知识如下。

- SEO培训框架。
- SEO项目管理。

10.1　SEO 日常工作团队

　　SEO 日常工作团队指负责日常的 SEO 执行和管理的团队，这个团队负责处理日常 SEO 需求并按计划推进 SEO 项目，在工作职责上，可以进行日常工作分类，如表 10-1 所示。

表10-1　SEO日常工作分类和目标、产出

日常工作分类	目标	工作文档和产出
词汇管理	负责关键词的挖掘、分析、管理，维护关键词表的完整性	关键词表
监控/分析团队	负责监控网站的SEO数据：关键词排名变动、收录变动、SEO流量变动	关键词排名分析报告、收录分析报告、流量报告、竞争对手关键词监控报告
执行	负责SEO工作的执行，包括大型方案落实、日常关键词整合到内容的相关编辑、设计工作	项目落地进度表
纠偏	负责检查和分析网站运营对SEO有影响的一些工作是否得到完整落实，网站改版等是否有SEO需求等	网站关键文件的保持情况，如Sitemap文件、Robots文件等
SEO培训	负责编辑和运营人员的SEO培训	SEO培训计划、方案和执行

　　其中，SEO 培训对于大型网站特别是门户网站来说是非常关键的，因为 SEO 团队做的更多的工作是定位、发现问题、分析问题，要让日常的每项工作都符合 SEO 的原则和方法，需要动员每个编辑、运营人员来参与，因此 SEO 团队每隔 2～4 个月就必须对编辑、运营团队进行持续的培训。

　　在落实 SEO 培训的时候需要清楚，文字编辑、运营团队成员并不是专业的 SEO 人员，因此，培训的过程需要深入浅出，尽量配以案例和图片。

　　在培训方案上，有多种工具可以用来执行培训，如 QQ、视频会议等。从培训效果来说，利用 QQ 进行培训效果最佳，因为可以截图，可以发送链接等。

10.2 SEO 培训方案设计

培训方案可以参考下方的思路。

SEO培训

1. SEO 的含义

① 字面含义。

② SEO 和 SEM 的关系。

③ 范围：百度、谷歌、淘宝、速卖通、京东、App Store、安卓市场等。

④ 区别：百度等考虑分词、锚文本、密度等；淘宝除了分词，还要考虑时间权重、橱窗推荐权重、客户服务数据等，更加综合。

⑤ SEO 的价值体现。

2. SEO 的基本考虑指标

① 网页收录（绝对数、收录比）。

② 关键词排名（Top3、Top10、Top50 比例）。

③ 搜索引擎引流。

3. SEO 在网页上的基本考虑

①"四处一词"，即在网页的四个关键地方（标题、导航、H1 标题、内容）部署关键词。

② Meta（Keywords、Description）。

③ 密度（1.5% ~ 8%）。

④ 内链（抓取 > 收录、锚文本 > 排名）。

⑤ 文本。

⑥ 外链。

⑦ URL（尽量静态化，关键词为中文拼音或者英文词汇）。

4. SEO 的一些文件和技术

① Robots 定义哪些网页允许 / 禁止搜索引擎搜索。

② .htaccess 文件定义 URL 的构成、301 设置等。

③ Sitemap 将 URL 提交给搜索引擎收录，并定义 URL 的优先级和更新频率等。

5. SEO 在大网站的策略

① 设置最合理的长尾。

- 京东例子。

- 房天下例子。

② 让长尾匹配膨胀。

- 赶集例子。

- 人才薪资分享网站的例子。

6. SEO 技巧

① 配合网站主推来设置 SEO，让流量最大化。

② 根据关键词展现量来准备内容，让竞争最小化。

③ 利用搜索结果页来竞争不断变化的热门词汇。

7.SEO 和 SEM 的配合

① 设置引流任务。

② 合理安排 SEO 和 SEM 的投入。

8. SEO 的难题

① 个性化推荐对 SEO 的挑战。

② 重复内容站点对 SEO 的挑战。

③ 短期流量效应对长期 SEO 努力的挑战。

9. 自由交流

自由交流可以采用问答模式，由编辑、运营人员提出具体的问题，然后 SEO
给予反馈，这样效果比较理想。

10.3　SEO 专题和项目管理

专题小组主要是针对一些 SEO 的疑难问题、复杂情况进行分析，形成可行的
解决方案。疑难问题包括网页收录数量大量下跌、关键词 Top 排名突然消失、新
网站或者新频道的 SEO 综合方案等。

针对复杂的 SEO 任务，特别是跨部门、跨地域的 SEO 任务，如果需要

按照项目方式系统推进，建议设立项目跟进，确保在时间、产出方面更加有效。

SEO 项目管理的流程如下。

第一步：发起立项。

第二步：人员和奖励分配。

项目人员：项目负责人、SEO 执行人员、负责抓取或页面分析工程师 (按需)。

奖励分配：明确设定。

第三步：明确 SEO 项目流程。

（1）进行调研和方案设计，子公司 / 其他部门依据方案调配技术人员和相关产品运营人员完成落地实施过程。

（2）在进行 SEO 项目调研之前，子公司提供查阅现有 SEO 数据的权限（统计系统、流量报表等）。

（3）在具体的合作上，前期调研项目为必选项目，执行完前期调研后，双方可以按需选择下一步的子项目进行合作。

前期调研 (必选项目) 流程图如图 10-1 所示。

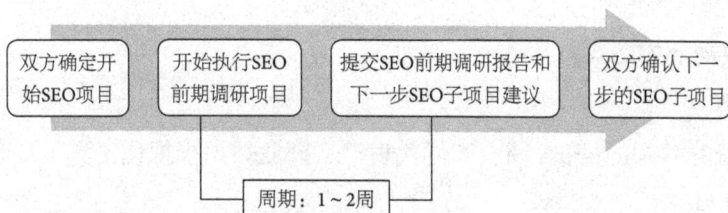

图10-1　调研流程图

子项目（按需）流程图如图 10-2 所示。

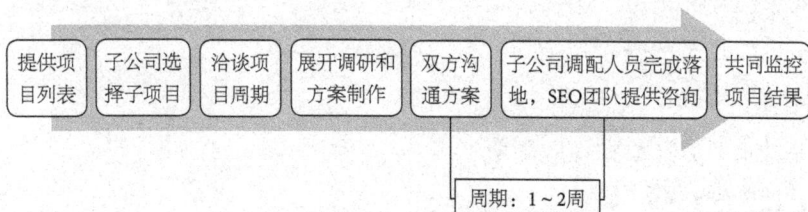

图10-2　子项目流程图

10.4 SEO 项目详细列表

1. 网站 SEO 前期调研

（1）域名（注册时间、域名结构）。

（2）URL（静态化、标准化、参数长度、唯一性）。

（3）收录（收录数量、比例、异常收录频道）。

（4）流量（流量占比、来源）。

（5）排名（排名、关键字分布）。

（6）需要优化的模块建议和子项目选择建议。

2. 网站 SEO 管理规范

（1）模板规范。

① 关键词管理模板。

② 关键词报告模板。

③ 流量来源分析模板。

④ 内部跳转分析。

（2）数据报告格式。

① 周期。

② 完整的 Dashboard（商业智能代表盘、商业数据虚拟化工具）。

（3）流程

① 统计系统建设。

② 数据发送。

3. 收录提升优化

（1）目前收录情况。

① 数量。

② 日志和快照（蜘蛛抓取周期）。

（2）收录问题。

① 整体抓取比例。

② 核心页面抓取比例。

③ 抓取比例。

（3）提升收录方案。

（4）Sitemap 增加或优化。

（5）Robots 文件优化。

（6）页面扁平化。

（7）内链设计。

（8）解决页面重复性问题。

4. 关键词优化

（1）行业重点关键词分析。

（2）目前使用关键词存在的问题。

（3）关键词的选择和分布方案。

① 关键字分布地图。

② Title 设置 (Exists, Length, Single)。

③ Meta 设置 (Exists, Length, Single)。

④ 关键字密度检测报告。

（4）关键字排名监控节点设计。

（5）锚文本分布和深层连接。

5. 代码级别优化

（1）H1、H2 等标题属性优化。

（2）内部锚文本自动生成机制。

（3）JS 代码 (Inline Script, Inline Style) 处理。

（4）域名统一，URL 唯一。

（5）URL 动态参数。

（6）Nofollow 减少权重损失。

（7）301、302 代码处理异常网页。

6. SEO 辅助文件建设和优化

（1）htaccess 文件。

（2）404 页面。

7. 网站外链建设

（1）外链建设设计 (锚文本多样性、深层连接)。

（2）外链建设实施。

（3）外链介绍管理和监控。

（4）外链资源。

（5）设计。

8. 图片和多媒体资源优化

（1）图片优化（Alt）。

（2）Flash 优化。

（3）Video 优化。

9. SEO 培训

（1）SEO 基础知识培训。

（2）专项培训。

① 外链建设。

② 关键字管理。

③ 代码优化培训。

④ 收录优化。

⑤ SEO 数据解读。

10.5　与实际运营人员沟通

在实际调研过程中，可以对网站的实际运营人员进行访谈，获得关于网站更多的信息，也能更好地和操作人员沟通感情，为后续的方案说服、方案执行积累基础。访谈可以是开放式的，比如下方的访谈思路。

- 企业现在怎么做宣传？有多少人在做宣传？
- 投入比例有多大？（如果有搜索引擎，区分一下SEO、SEM。）
- 为什么选这些方式？（如果没有搜索引擎，追问为什么不用搜索引擎。）
- 目前是如何利用搜索引擎的？（顺其自然还是有规划地进行优化？）
- 是不是自己对搜索引擎进行营销？（如果不是，则问一下如何监控考核效果，比如如何查看排名第几位，以了解客户的关注点。如果是，询问是借助哪些途径、哪些工具进行的。）

- 这些工具还有哪些不好的地方？为什么？
- 如果我们可以改进你说的这些工具，你觉得可以做什么？
- 有没有听说过友情链接？或者有没有友情链接？（如果有，则继续了解对外链的认识。）
- 如果有友情链接，是如何得来的？
- 为什么要加友情链接？（筛选一下入链和出链，如果不知道入链的，就不用问了。）
- 那怎么判断达到目的与否？

…………

依据访谈，你可能会得到很多有用的信息，比如目前网站的营销支出、公司领导人的期望、执行人的背景等。

下面是一个真实的访谈反馈，很多内容可以作为 SEO 的调研思路使用。下面是客户在 SEO 人员引导下，直接回复的内容，"【 】"里面是 SEO 在访谈中做的笔记。

- 想做XXX这个词的排名，小米在百度、谷歌都做到了第一【锁定竞争对手】。
- XXX这个词我们只在Title中出现了一次【问题1】。
- 现在我们在百度居然排到第2页了，会不会明天就掉下来了，每天都看一下【说明有监控，监控体系需要继续调研】。
- 我们推广是靠YY网站，产品自己没有做任何推广。
- 论坛几乎没有运营，互动很少，所以PV上不去【论坛是否引流重点？】。
- 也没有做过外部链接，但百度知道、百科都有我们的介绍，相当于外链。
- 我们只做过微博的宣传，很多网站想和我们交换链接，但我们不愿意做，也没有时间做。
- 看过淘宝上的百度SEO，1块钱帮助优化，但是不知道怎么回事，也就没去联系【尝试引入专业人才帮忙】。

- 在论坛中发的贴全被人删了，人家说我们是推广贴，要像体验贴、非宣传贴才行。
- 不过发了5分钟不到，就有不少下载量。
- 现在排名第一的还是从百度过来的。
- 看过百度统计的SEO建议，感觉不明白是什么意思，没多大用【或许需要培训？】。
- 我们论坛没有专人打理，版块设置也不合理。
- 高质量内容不多，基本全是问问题的。
- 没有专人做优化，感觉自己也不专业。
- 推广余地非常大，只要投入一点资源，估计就能成几何倍数增长【客户期望比较高，但是资源估计有限】。
- 现在没推广，一是没人，二是没钱【投入不会大】。
- 现在在关键词排名方面，很多产品词、品牌词前几页都排不到【关键词现状】。
- 可以想到的搜索词还有很多，可以按照机型＋×××的模式【客户有明确的优化词汇维形】。
- 我们在意的是下载量，当然对于我们这种网站，流量中有效的会比较多。
- 缺少高质量原创内容。
- 有5个QQ群，每个群200人，都满了，都是有效用户。
- QQ空间还可以带来一些流量，让网友把签名都改成网址。
- 流量主要是由YY网站带来的，自己基本没有怎么做。
- 知道有个事情需要做，但是具体怎么做还需要学。

    ⋯⋯⋯⋯⋯⋯

通过这样的面对面访谈，引导客户抛出所有的问题，SEO 人员可以很快掌握很多问题，同时了解清楚公司的实际情况，对后续项目的具体落地提供很大的帮助。重点还是需要有意识地引导客户清楚表述自己的意见。

第11章
SEO 职业生涯

在通常的意识里面，SEO 仅是网站后端的工作，实际上，SEO 的工作范围远比这个定位要宽，责任要大。好的 SEO 人员，能让网站的流量连续翻倍，随之而来的就是网站推广成本大大下降，因此，务必重视 SEO 工作，SEO 工作是一个技术含量和市场含量都极高的工作。好的 SEO 人员身上的压力沉重，不仅是因为责任，也是因为"刀刀见血"的市场反馈，好和坏的 SEO 效果一目了然。

本章需要读者关注的重点知识如下。

- 正确认识SEO的压力。
- 慎重考虑职业选择。
- SEO的创业方向。

11.1　正确认识 SEO

SEO 如今已经不是一个新鲜的行业，大部分的互联网公司都有这个岗位，SEO 的含义也被绝大多数的互联网业界从业人员所熟知，在重要的招聘平台（如前程无忧、智联招聘），SEO 的岗位逐年增多，薪水不断看涨。同时，很多公司开始通过猎聘网等高端人才网站进行 SEO 人员的招聘，由此可以看出 SEO 在互联网公司的地位逐步在提升，所发挥的作用也越来越大。

SEO 是一个高压职业，很多时候要承担给网站稳定引流 30% 以上的责任，责任重大，而网站的流量的波动是不可百分之百掌握的，每天会有一定范围内的波动，甚至突然发生波动，因此，从这个角度来说，SEO 的工作不可控，特别是某个搜索引擎突然改变算法的时候，SEO 基于老算法做的某些工作可能就作废了，流量暴跌，SEO 人员很无辜，也很无奈。

这类场景，想必每个 SEO 人员都不陌生，因为伴随波动而来的是大量来自业务或者公司管理人员的询问和救急请求。

- 今天流量跌了很多，怎么回事？SEO人员赶紧查查是否搜索引擎把我们屏蔽了？
- 今天流量突然涨了很多，SEO人员最近做了什么，赶紧总结下，看看能否继续推广？
- 有个重要新闻怎么都不被收录，怎么回事？SEO人员给想想办法吧！
- 业务这个月要主推这个项目，这个关键词必须要上，SEO人员想想有什么快捷的方法？

…………

不管是好事，还是坏事，不管是需求，还是任务，只要涉及搜索自然流量的波动，最后都会来到 SEO 的环节，把希望寄托在 SEO 人员身上。

作为 SEO 人员，面对无穷无尽的压力来源，怎么办？首先要做的不是惊慌失措，因为 SEO 的工作就意味着要面对不确定性，不能被压力打败了。

（1）分析问题的重要性，如果是紧急情况，就优先处理。比如流量大幅度下降总比单条新闻没有获得排名的优先级要高得多。

（2）分析问题的实际情况。很多时候流量、排名、收录出现大幅波动，都是搜索引擎本身的问题，比如算法更新，当然这种情况不多见，但是也不是不可能。大幅波动也有可能是季节性原因，比如春节临近，每天流量呈指数下降，也是没有办法的，SEO 并不能回天，因为是大环境的真实反映，大家都在回家路上，网站的访问量大幅度下降很正常。还有可能是突发偶然情况，2008 年汶川大地震期间，整个互联网全部失色（网站首页全部为灰色），向地震遇难同胞致哀，当天的网站流量大幅度下降，第二天没有立即反应过来，为排查这个问题着实上火。

（3）考虑问题的解决办法，能安排到工作列表中的就安排进来，工作太饱和就申请增加人手。建议每个 SEO 入行者在做出将 SEO 工作当作一个长久职业的决定之前，先做一份压力测试表，看看自己的抗压能力如何。关于抗压能力的测试表格，网上有很多，搜索一下就可以。

11.2　SEO 职业提升建议

作为个体的 SEO 人员，如何发展自己并能在职业生涯上有所提升呢？建议慎重考虑如下因素。

1. 考虑自己的专业能力

SEO 真不是一个可以凑合的岗位，因为你的工作业绩会通过排名、流量等数据直观体现出来。有能力的 SEO 人员，可以将一个网站的流量做到步步高升。当然，SEO 的能力不是单一的能力，比如对排名有独特的想法，实际还包括对网站的整体 SEO 能力，评估技术对 SEO 的影响的感知能力等，所以需要综合考虑自己的能力。

2. 考虑自己的耐压能力

SEO 是一个高压的岗位，这个岗位让你常常感觉像被放在火上烤一样，正是因为 SEO 的压力巨大，相对于比较平均的收入水平来说，是一个性价比不是非常高的行业，因此 SEO 行业的流失率是非常高的，很多从业人员在工作 2 ～ 3 年后，有合适的机会，就可能转行到其他岗位，比如运营、产品，甚至其他岗位。

但是，压力也意味着竞争力，因为有专业的能力和高压的环境，SEO 人员的岗位相对来说替代性不是很强，相比公司其他职位是一个很安全的岗位。

3. 考虑自己的兴趣

SEO 工作是一个需要持续研究搜索引擎和用户的工作，通过研究用户，锁定用户的兴趣和目标，从而分析用户可能的搜索行为，进而形成关键词管理；通过研究搜索引擎的收录、排名等机制，优化网站和进行其他 SEO 工作，获得搜索引擎更好的收录和排名结果。

所以，这是一个研究意味比较强的工作，而且研究的工作是一个动态的持久过程，需要经常分析各种情况，不断优化研究成果，并将其落实到日常的 SEO 工作中。从某种意义来说，这不是一个热闹的工作，很难在公司的重要场合作为重要任务出现。虽然 SEO 的工作本质属于营销的范畴，在营销的框架下，SEO 人员大部分只能作为默默无闻的后台支持者。如果你的兴趣不在这里，建议考虑清楚是否要长久从事 SEO 工作。

4. 考虑自己是否要创业

互联网的命脉就是流量，能带来流量的 SEO，就是掌握网站命脉的人。SEO 行业，需要研究各种互联网生态引流模式、各种网站生存模式、各种引流工具、不同用户的行为习惯，因此，SEO 可以说是最懂互联网的一群人。如果是希望挑战自己的人，可以考虑创业。

11.3　SEO 的创业方向

因为 SEO 是最懂网络流量的人，SEO 创业貌似水到渠成。现实的情况是 SEO 创业真的很普遍。SEO 创业的几个基本方向如下。

方向一：电商。

- 淘宝系创业，比如淘宝开店、阿里巴巴开店、速卖通开店等。
- 腾讯系创业，比如拍拍开店、微信开店、京东开店等。
- 独立电商，自建电商网站进行运营。

方向二：SEO 专业服务机构。

- 合伙创建SEO服务相关公司。

- 合伙创建营销服务公司，主营SEO相关服务。
- 个人使用工作室模式提供SEO服务，通过猪八戒等网站承接生意。

方向三：社会化分享佣金模式。

- 淘宝客。
- 凡客返佣。
- 其他返佣模式。

方向四：专业软件或者产品下载佣金分享。

- 软件下载返佣。
- 注册返佣。

方向五：其他任何需要用到网络推广的领域。

SEO 人员在考虑创业的时候，需要考虑的资源和其他能力如下。

- 资源整合能力：创业要求SEO人员能整合营销、运营、产品等，需要更综合的能力。SEO人员出来创业或者合伙创业，需要考虑一下自己是否满足更高的要求。
- 其他领域的管理能力：SEO大部分只是在SEO领域精通，创业需要你精通更多的领域，比如人事领域，如果涉及招聘，你怎么知道一个人是否和岗位匹配？如果涉及资金，你怎么做企业的资金预算计划？

11.4　SEO 工作和产品经理的工作界限

从本质上说，SEO 工作属于营销的一个分支，主要是针对搜索引擎进行营销的。SEO 的工作和普通的营销工作最大的差别是 SEO 需要对产品本身进行改造，并不是针对一个完善的产品进行外部宣传和品牌营造。

这就涉及一个问题，因为产品工作在界定上属于产品经理的范畴，所以，在日常的工作中，SEO 和互联网产品部门可能会经常交互。另外，因为彼此立场不一致，发生矛盾或者解决统一问题的方案和思路差异巨大也是不可避免的。为顺利推动工作，需要有效区分 SEO 人员和互联网产品人员的工作边界，如表 11-1 所示。

表11-1　SEO人员和互联网产品人员的工作边界

分类	SEO人员	互联网产品人员
主要职责	依据搜索引擎收录、排序的科学方法对网站进行优化，同时对网站内容进行搜索引擎告知和引导	对产品概念进行梳理，完成产品原型设计、完成业务运转相关的资金流设计、信息流设计等，在业务正常运转的基础上提升用户体验
可能交叉的地方	SEO关注信息能否准确被搜索引擎爬行到 • 希望信息围绕核心关键词 • 希望信息以文本方式写到页面上 • 希望采用静态HTML等代码 • 希望页面信息尽量不进行频繁改动 ……	产品关注信息是否表达清楚，用户体验是否流畅和感到很舒服 • 信息可能是概括的、抽象的 • 可能会把文字设计到图片上 • 可能采用动态加载方式 • 为了提高用户转化，可能会经常改版 ……
工作目标	搜索引擎	用户

目标差异导致工作方案差异出现的时候，需要彼此服从公司的整体目标。一般来说，建议引入双方共同的更高领导来做决策，这个决策方案不一定能满足SEO 人员的初步需求，但是，需要服从大的目标。比如文字写到了图片上，可以考虑在图片上设置精准的 Alt 文字，尽量减少 SEO 方面的损失，但并不是"一刀切"，要求将图片替换为文字。有时候，从技术角度认为最优的 SEO 方案未必是最理想的方案，保持平常心的同时多想解决方案是战胜问题的重要思维方式。

第 12 章

SEO 案例

因为网站的多样性、算法的复杂性等，有针对性地分享一些案例可能会对某些正在读本书的 SEO 人员是一个很大的帮助，因此，本章会重点展示和分享实际操作中遇到的一些 SEO 问题，问题有的简单，有的复杂。希望通过案例的分享，能让每位阅读本书的 SEO 人员领悟到一些实际操作过程中的思路和方法。请注意：案例中的网址和域名均做了处理，非真实案例的网址。

本章所有 SEO 案例中使用到的网站名和相关网址均已经过特别处理，非真实名字和链接，请勿对号入座，仅供学习、讨论分析及优化参考。

12.1　案例 1：避免小失误造成的大问题

一个小公司的领导通过朋友找到我，让我帮他们看看网站，说网站上线有一段时间了，也找兼职的 SEO 人员帮忙优化过，但是好像看不到任何效果，百度收录一直为 0！

类似这种问题真的很常见，因此，我直接进入网站诊断阶段，通过问题引导对网站开始把脉。

问题 1：你们属于什么行业？

网站方答：厨房橱柜类。

从 SEO 角度初步判断：因为不是被打击的行业，排除搜索引擎重点打击该行业的担忧。

问题 2：域名是新注册的，还是购买的二手域名？

网站方答：新注册的域名。

从 SEO 角度初步判断：不存在历史已经被搜索引擎加入黑名单的记录。

问题 3：网站上线后，页面都可以访问吗？是否需要额外的权限？

网站方答：谁都可以访问。

从 SEO 角度初步判断：不存在无法访问的问题。

问题 4：能把网站域名发给我看看吗？

网站方答：当然可以，务必帮我们查查什么原因。

SEO 处理：SEO 手机很快收到一条短信，是发过来的域名 www.*pp*.com。在地址栏输入网站对应的 Robots 文件地址 http://www.*pp.com*/robots.txt，赫然发现 Robots 里面居然是这样写的：User-agent：*Disallow:/

这个命令意味着网站从根本上屏蔽了所有搜索引擎对网站的索引，所以，要是还能被收录，真是一个奇迹。SEO 人员将该发现反馈给网站方，网站方万般感谢。

解决办法：超级简单，直接将 "User-agent:*Disallow:/" 命令从 Robots 里面删除，然后重新上传到网站，这样就允许蜘蛛访问网站了！在此基础上，SEO 人员手工做了一份 Sitemap，然后引导蜘蛛到 Sitemap，收录果然在数日后逐渐见效。

12.2　案例 2：综合优化思路

xx 视频网站是一个大型的上市公司，网站的流量在近年激烈的竞争中逐渐减少，来自搜索引擎的免费流量越发少得可怜。

12.2.1　该网站存在的问题

在分析网站 SEO 问题的时候，第一步是进行基本竞争分析，分析思路如表 12-1 所示。

表12-1　SEO基本竞争分析

	*xx*网站	竞争对手1	竞争对手2
收录			
核心关键词抽样排名比较			
Alexa搜索流量趋势			

在对比分析中，发现 *xx* 网站比其他两个竞争网站成立的时间都早，但是，从搜索引擎的收录数据来看，*xx* 网站只有 4 000 万左右的收录量，而另外两个竞争对手的收录量都在 1 亿以上。

从核心关键词抽样来看，*xx* 网站的排名不理想。

从 Alexa 的搜索量趋势来看，*xx* 网站的搜索流量有下降趋势，而竞争对手的搜索流量则呈缓慢上升趋势。细分领域的流量其实是个大池子，因为互联网用户就那么多，这边多了，那边必然就少了，所谓逆水行舟，不进则退，竞争对手不断上涨的流量意味着其蚕食了更多的用户，*xx* 网站流量降低就再正常不过了。

那么，*xx* 网站如何通过 SEO 找到出口呢？

从数据来看，可能收录是个大问题，但是问题在哪里呢？让网站技术人员输出一个准确的数据，帮助大家判断一下网站目前实际有多少视频量。换句话说，网站到底有多少能有效引流的内容？

拿到网站数据，被吓了一跳，原来网站页面高达 N 个亿！如此推算，网站的收录比例是非常低的，和通常的门户网站收录比差距较大。

未收录的原因在哪里？这是递进的问题。

首先考虑网站是否有规范的 Sitemap 机制，回复是有，但是只是针对部分频道有持续的 Sitemap 更新机制。这意味着不是所有的视频都能通过 Sitemap 机制提交。另外，针对视频，对搜索引擎来说，需要考虑两个方面的引流，一个是专门的视频搜索，一个是页面搜索，两个页面都提供视频的搜索入口，但是，两者的提交机制是有差别的，专门的视频搜索有专门的通道，而页面的搜索通过常见的 Sitemap 和站内引导。

除了 Sitemap 的问题，是否还存在其他影响收录的原因呢？

在分析页面跳转的时候，发现一个奇怪的现象，任何列表页下方最多出现 10 ～ 15 页，比如某个频道下，可能相关的视频有 200 万条，但是通过频道的列表页去查看，最多只能看到 10 ～ 15 个页面的结果，按照每个页面展示 20 个结果来看，每个频道下，最多只有 300 个视频可以通过网站正常访问的方式到达，假设蜘蛛也是这个方式爬行，可想而知，蜘蛛能抓取到的页面并不多。尽管访问网站还有其他路径，但是这种封顶的入口设计，对蜘蛛能访问到的页面是做了最高限制的！

至此，收录问题的主要原因已经露出冰山一角，接下来就是如何解决问题了。

从抽样关键词排名发现，网站的关键词排名并不理想。

从 Alexa 工具的监控结果来看，网站的免费引流趋势也一直在下降。

12.2.2　SEO 主要优化措施

- 类别页增加内链入口，所有列表页翻页重新设置。
- 详情页增加导航，方便蜘蛛向前、后层次页面排行。
- 增加入口翻页。
- 左侧的相关视频调用改进。
- 类别名称显示。
- 播放页中增加导航。
- 类别名称显示。
- 评论页面优化。
- 右侧推荐 Tag 匹配。

- 详情页的Meta Keywords参数调整（目前线上关键词是使用逗号进行分词）。

- 热门视频、精彩推荐、空间精华优化。

- 转贴到的对应链接全部处理为Nofollow。

12.2.3 SEO 监控结果

网站 SEO 方案形成后，大概花了 2 周的时间进行落地执行，3 个月后开始进行评估。

监控主要针对搜索引擎引流和收录进行，因为这期间 *xx* 网站没有任何 SEM 的投放，因此所有的搜索引擎流量都可以算在 SEO 这方面。监控结果如图 12-1 所示。

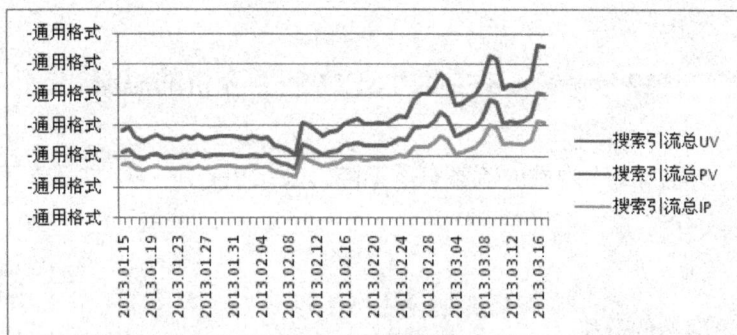

图12-1 流量趋势

具体指标评估说明如下。

- 评估数据筛选的依据：所有来自搜索引擎的流量，包括百度（Baidu）、谷歌（Google）、搜狗（Sogou）、UC导航（UC123）等。数据类型主要是UV、PV和IP。

- 数据时间段的标准：剔除两个异常的时间段，优化落实期间1.25～1.31和春节2.1～2.15，选取1.1～1.24来自所有搜索引擎的数据做一个平均（UV、PV、IP），作为比较的基础数据。选取2.16～3.16的数据作为优化后的数据。通过两者的比较，做出SEO效果的评估结果。

- 总体结论如下：UV增长45.31%，PV增长50.92%，IP增长41.18%。

注：百度的搜索引擎数据仅包含页面抓取的数据，来自百度视频的数据不包含在内，这部分数据是通过 API（应用程序编程接口）的方式提供的，和 SEO 页

面的优化关联性不是很大，因此在评估中不加以考虑。

不同域名收录变化趋势数据如表 12-2 所示。

表12-2　收录变化趋势

*xx*网站优化前后收录对比						
	百度			谷歌		
域名	优化前	优化后	增长	优化前	优化后	增长
Site：子域名1	40 300 000	48 300 000	20%	58 900 000	120 000 000	104%
Site：子域名2	44 200 000	50 200 000	14%	59 000 000	124 000 000	110%
Site：子域名3	193 000	350 000	81%	267 000	831 000	211%

从收录数据来看，优化后网站的收录提升是非常明显的，收录提升对网站引流的提升功不可没。

12.3　案例 3：遇到 SEO 问题分析的思路

有一段时间，*xx* 网站的流量有所下降，公司担心是 SEO 方面出了问题，请求网站做一次分析。

12.3.1　对该网站的分析

以下 Z1.*xx*.COM 和 Z2.*xx*.Com 分别代表网站的核心子域名 1 和核心子域名 2。分析结论如下。

- 从搜索占比来看，尽管*xx*网站整体从搜索引流每天有少量波动，但是整体趋势没有明显变化。
- 从整体收录趋势和每天、每周、每月的收录数据来看，Z1.*xx*.com所代表的原*xx*网站没有降权迹象，收录持续稳定增加。
- 从整体收录趋势和每天、每周、每月的收录数据来看，Z2.*xx*.com所代表的新网站有降权迹象，最近两周的收录减少为原来趋势的三分之一。*xx*网站之前被降权的原因是百度已经提示为视频内容重复等，建议按照建议改善运营，自查没有问题后，积极向搜索引擎公司申请取消降权。
- 从对比竞争对手1和竞争对手2网站的情况来看，2月开始，整体视频网站的用户数量是下降的，三大视频网站的用户数量都有明显下降，这可能和季节有关系。整体流量下降，意味着从搜索引流过来的流量有所下降，但是*xx*网站搜索占整体流量的比例没有变化，说明搜索引擎方面没有明显的问题。

- 从搜索引擎引流占比来看，*xx*网站的搜索引擎流量占到整体流量的44%以上，而两个主要的竞争对手都只占到20%左右，这意味着*xx*网站对搜索引擎的依赖非常大，因此，建议加强对搜索引擎的正规操作，避免被惩罚带来严重后果。

- 从品牌关注度来看，*xx*网站品牌关注度持续降低，对通过品牌词搜索引流带来的负面影响比较大，建议强化公关和新闻影响，提高品牌影响力和用户关注度。

（1）品牌的关注度对流量也能造成很大的影响，因为品牌名会影响到很多品牌长尾的搜索量，而对于大的门户网站来说，品牌和品牌长尾的搜索量是非常大的，某些单个的品牌词能带来几万甚至 10 多万的搜索用户，如果考虑所有的品牌长尾带来的总量，数量是非常可观的，因此，品牌的关注度会对流量造成很大的影响。

（2）一般来说，品牌词汇总是能排到搜索引擎的前面，所以，要提高品牌词汇搜索流量，单纯提高品牌的排名意义不大，本质上要求提高品牌的关注度，通过多种方式（新闻、公关等）提高公众对品牌的持久关注，最终能提高关于品牌的搜索量，从而持续增加这一块的搜索流量。

（3）从品牌关注度趋势来看，竞争对手网站在最近一个季度和最近一个月内，品牌关注度是持续上升的，这意味着通过搜索品牌词引导来的流量是持续上升的；而 *xx* 网站最近一个季度的品牌关注度下降比较严重，特别是站内下降了 31%，这意味着通过搜索相关品牌词汇引导来的流量持续下降，而且下降的幅度非常大。即使这些品牌词仍然保留在搜索结果第一的位置，因为主动搜索人数下降幅度非常大，对流量的影响也是非常大的。

1. 网站品牌关注度

网站的品牌关注度反映市场对一个网站或者一个品牌的关注程度，可以反映网站的热度，对于网站运营者来说，关注品牌关注度的指标，可以很好地监控市场对网站的活动等的反馈和互动程度，也是一个比较好的评估活动和网站运营效果的指标。

网站的品牌关注度持续保持平稳或者上升的势头，表明网站的品牌传播有了比较好的效果或者活动效果比较好。对于 SEO 人员来说，较高的品牌关注度会形成较多的关键词搜索，这种搜索是主动型的，访问行为一般是深度访问，会起到比较好的 SEO 效果。网站品牌关注度数据如图 12-2 所示。

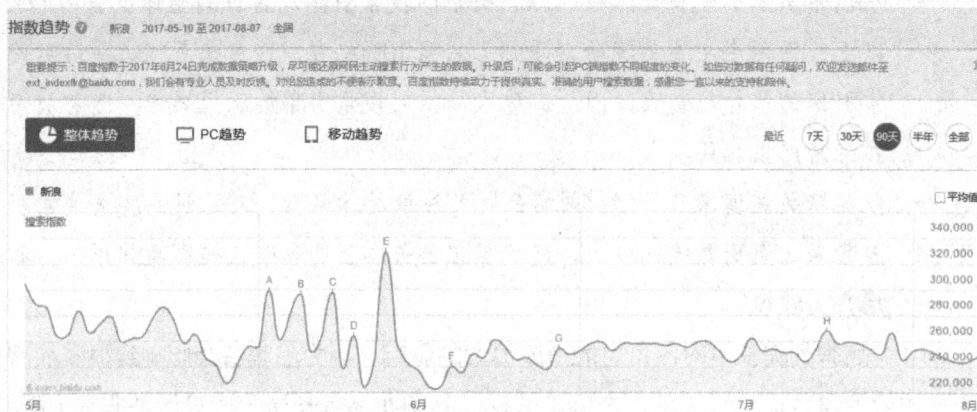

图12-2　品牌关注度

2. 竞争对手品牌关注度

还可以查询竞争对手的品牌关注度数据，如果竞争对手的品牌关注度有异常，可以查询相关的新闻，配合研究竞争对手的市场动向。从 SEO 角度来说，竞争对手的品牌关注度持续增长，有可能会把市场的自发搜索引导到竞争对手网站，从而对本网站的流量造成影响。

知己知彼，百战不殆。从这个角度来看，品牌关注度数据不仅是 SEO 的有益工具，更是市场和品牌的重要工具。查看竞争对手的品牌关注数据如图 12-3 所示。

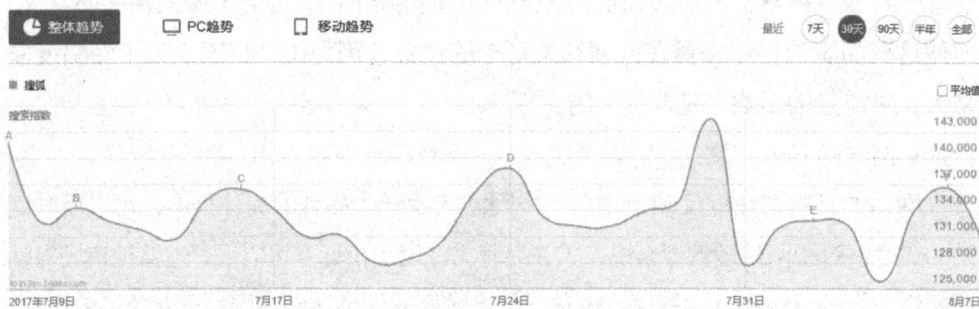

图12-3　竞争对手品牌关注度

12.3.2 建议

在运营过程中，建议强化标题内容不符、重复标题、刷排名、反复修改标题、上传低俗视频等恶意用户行为方面的管理。

建议在网站编辑 KPI 考核方面，对考核内容进行进一步梳理，避免编辑因为业绩（IP、PV 等）压力，出于短期考虑，出现刷视频、批量上传相似视频等的行为，对网站长久运营造成负面影响。

12.4 案例 4：网站持续优化的分析思路

kk 网站是一个小说网站，网站在运营过程中经过了几轮优化，感觉还有优化的空间，因此，希望找出更多可以进行优化的地方。分析和方案如下。

12.4.1 网站基本情况分析

在网站的基本分析中，页面收录是一个重要的指标。其中，对域名进行分解，然后针对每个域名的收录情况进行分析是一项很重要的工作。

1. 基本域名收录

基本域名收录如表 12-3 所示。

表12-3　基本域名收录

域名	收录	备注
kk.com	8 050 000	
www.*kk*.com	5 780 000	
u.*kk*.com	1 570 000	
jiaoliu.*kk*.com	61 900	交流中心
s.*kk*.com	39 700	找小说（搜索）
a.*kk*.com	181 000	经典小说2元特价区
author.*kk*.com	35	
event.*kk*.com	164	
game.*kk*.com	53	游戏
xy.*kk*.com	54	校园
fy.*kk*.com	54	男生版
yanqing.*kk*.com	54	言情（女生版）
pay.*kk*.com	15	支付

2. 小说首页收录

inurl：partlist site:www.*kk*.com 为 64 200（实际小说总数为 20 万～ 30 万，因此，小说首页收录估计为 21% ～ 32%）。

其中，章节收录如下。

inurl：novel site:www.*kk*.com 为 811 000（按平均每部小说 100 章来算，20 万～ 30 万部小说章节页面为 2 000 万～ 3 000 万，因此，章节页面的收录比例为 2.7% ～ 4%）。

3. 核心关键词排名

核心关键词排名即整理出网站的核心关键词，然后监控对应的搜索引擎排名数据，如表 12-4 所示。

表12-4　核心关键词排名

核心关键词	百度排名
小说	1
网络小说	12
小说阅读	1
小说在线阅读	1
在线读小说	1
小说排行榜	11
玄幻小说	2
言情小说	14
小说排行	5
热门小说	3

4. 小说和小说章节排名抽样

对于小说网站来说，小说和章节名的排名是最重要的数据，相关排名监控设计如表 12-5 所示。

表12-5　小说和小说章节排名

小说名称	百度排名	章节名	百度排名
小说1	1	重点章节抽样	4
小说2	3	重点章节抽样	10
小说3	2	重点章节抽样	13
小说4	1	重点章节抽样	1
小说5	4	重点章节抽样	9
小说6	51	重点章节抽样	100名后

5. 搜索引擎优化分析

分析结论如下。

- 网站整体收录可以继续提升，重点在提升小说首页和章节页面的收录。

- 首页主推的小说、小说阅读等核心词汇排名基本达到预期，有较好的排名。

- 小说名字的排名抽样排名很好，但是也有部分小说排名不是很理想。抽样
  小说章节排名比较靠后，可以继续优化。

12.4.2　方案整体思路

（1）通过设计整站的 Sitemap，提交所有小说首页和章节页面 URL，帮助搜索
引擎快速爬行到尚未收录的首页和章节页面，帮助提升收录数据。

（2）建立重点小说名和相应章节名的关键词管理列表，定时采集排名数据，
将暂时排名落后的小说和章节名作为下一步 SEO 的重点工作，有针对性地进行优
化。例如，增加站内外锚文本，帮助这些关键词排名提升。

（3）针对小说章节具体页面进行优化，提高章节名的排名（见下面详情页
优化）。

（4）结合用户体验和关键词排名，对网站的其他 SEO 因素进行优化（见下面
整站优化等）。

12.4.3　详情页优化

（1）导航增加章节名（提高关键词密度）。

将"下一节""上一节"等修改为如下样式。

下一节：章节名。

上一节：章节名。

目的：增加站内锚文本。

注：在 UI 上可以做些调整，可能一行放不全。

（2）下载此书，修改如下。

下载：书名。

目的：增加关键词和锚文本。

（3）导航上的"都市言情"等属性，修改为"都市言情小说"，强化小说的排名。

（4）评论修改为：发表评论，具体如图 12-4 所示。

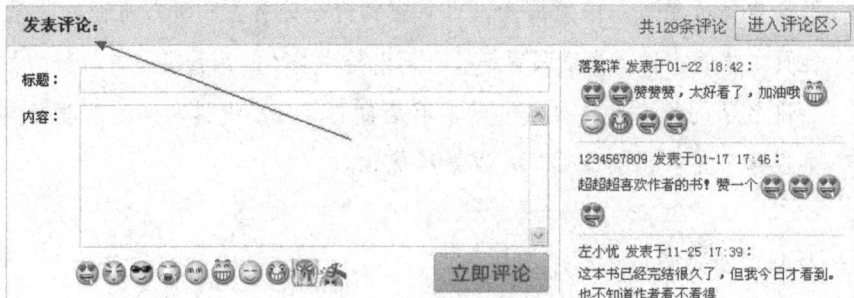

图12-4　评论优化

12.4.4　整站优化

- 为类别等词增加链接，指向特定频道，增加锚文本。

- 为排行榜等增加链接，指向对应页面，提高小说相关排行榜词汇的排名。

- 增加各种小说分类的入口，方便用户快速切换，也起到设计整站锚文本的作用。这样一来，用户在一个地方就可以查看到所有重要的分类，不需要切换到单独的模块，因目前男生、女生、校园等在不同的域名下，单击链接会不断弹出页面，用户容易迷失；在头部统一设计这个模块，也是对这些重要分类设计了整站的锚文本，有利于这些词汇的排名。

- 增加各种风格小说的入口，方便用户快速查找，也起到设计整站锚文本的作用。

- 增加友情链接专门页面，引入高质量的外部链接，提高网站的权威性。可以在页面下方增加合作站点的模块，或者单独设立一个页面用来交换链接，引入高质量PR。

12.4.5　新增 Tag 发现功能

利用现有的小说标签，逐层推荐标签和小说，帮助用户发现更多喜欢的小说，同时大大扩充网站重要的长尾关键词。具体方法如下。

（1）建立一个发现频道，进入该频道，里面推荐热门的标签，每类小说可以推荐 20 ～ 30 个热门标签。

（2）此页面的 Tag 来源：利用每类小说下作者标注的所有 Tag，对每个 Tag 热度进行分析，推荐热度最高的标签。具体如图 12-5 所示。

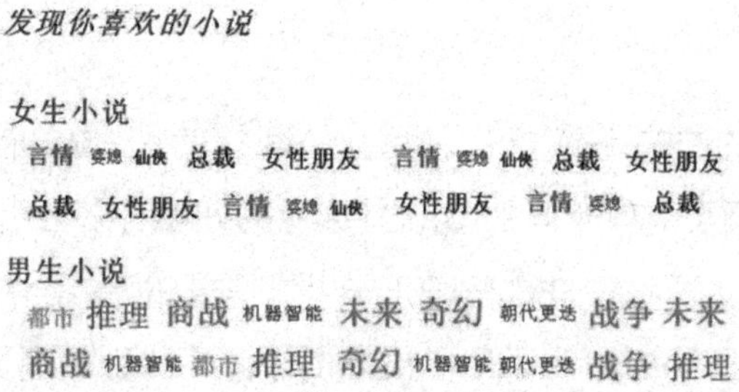

发现你喜欢的小说

女生小说
言情 奖惩 仙侠 总裁 女性朋友 言情 奖惩 仙侠 总裁 女性朋友
总裁 女性朋友 言情 奖惩 仙侠 女性朋友 言情 奖惩 总裁

男生小说
都市 推理 商战 机器智能 未来 奇幻 朝代更迭 战争 未来
商战 机器智能 都市 推理 奇幻 机器智能 朝代更迭 战争 推理

图12-5 Tag优化

（3）在上图中单击任意一个标签，进入下一个页面，比如单击"言情"则进入言情小说的标签页面。

这个页面的 Tag 来源：需要对 Tag 之间的关联性进行分析。比如知道哪些 Tag 和言情是关联度最高的，然后实现逐层展示。

12.5 案例 5：大型网站的初建 SEO 思考

mm 网站是一个新的视频网站，希望通过 SEO 的方法快速提升网站的收录和流量。搜索引擎是网站流量的一个极为重要的来源，SEO 的主要工作是通过了解各类搜索引擎如何抓取互联网页面、如何进行索引以及如何确定其对某一特定关键词的搜索结果排名等技术，来对网页进行相关的优化，提高其搜索引擎排名，从而提高网站访问量，最终提升网站的销售能力或宣传能力的技术。通过采用 SEO 进行网站优化，期望能让 *mm* 网站（*mm*.com）更好地使用搜索引擎来引入用户，提高网站流量。

12.5.1 目前存在的问题

目前在百度的网页库中，截至当前，*mm* 网站仅有 2 239 个网页被收录，其中还包括一定量的用户个人详情页（收录意义不大）。从开放外网 IP 至今已经有近 20 天了，详细的收录量变化曲线如图 12-6 所示。

从图 12-6 中可知，每天的收录增长量很少，只有几十至数百条，造成该现象的原因是多方面的，总结如下。

12.5.2　URL 不友好

网站缺少统一的 URL 设置标准，目前的现状就是 URL 全部以动态 URL 的形式呈现，并且同一网页对应不同的 URL。这样的处理势必会引起蜘蛛程序的困惑：到底哪个才是权威页面？从 SEO 的角度分析，需要创建具有良好描述性、规范、简单的 URL，这样的 URL 有利于用户更方便地记忆和判断网页的内容，也有利于搜索引擎更有效地抓取我们的网站。规范的 URL 的命名规则如下。

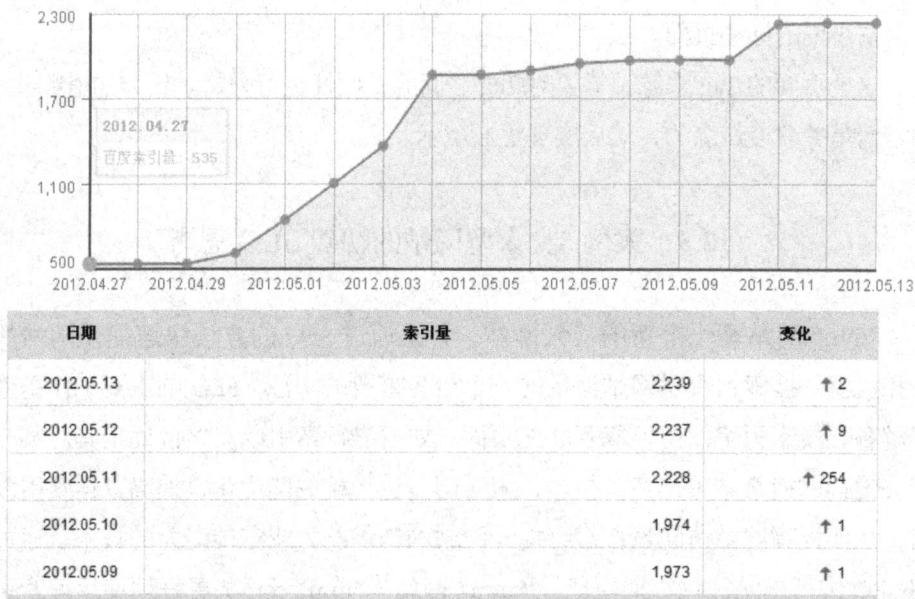

日期	索引量	变化
2012.05.13	2,239	↑ 2
2012.05.12	2,237	↑ 9
2012.05.11	2,228	↑ 254
2012.05.10	1,974	↑ 1
2012.05.09	1,973	↑ 1

图12-6　*mm*网站收录趋势

- 在Meta中通过Canonical标签，可以进行URL的归一。
- 通过Robots.txt来禁止蜘蛛程序抓取我们不想向用户展现的形式。

12.5.3　AJAX 页面解析困难

目前，所有的瀑布流都是在 AJAX 中调用并呈现的，对搜索引擎来说，并非所有抓取的页面都会进行 JS 解析，导致瀑布流中的数据、URL 无法被蜘蛛程序正确读取。因此带来以下两个问题。

- 无法通过瀑布流读取到播放页 URL，导致收录内容困难。
- 未进行 JS 解析的网页，会被认为网页内容短小，网页质量低，也缺少文本内容，无法提升排名。

JS 解析是很多网页在 SEO 时面临的共同问题，可以借鉴一些网站的做法，例如，同样采用瀑布流形式的"美丽说""堆糖网"等都进行了首屏动态内容的静态化，如图 12-7 所示。

图12-7　JS解析方案

12.5.4　其他问题

1. 缺少 Sitemap

主流的视频网站，页面向搜索引擎提交都采用的 Feed 方式。百度和谷歌都支持 Sitemap 方式提交。这种方式的优点是能够加快搜索引擎对网页的收录。

2. 缺少优质外链

来自其他主域的外链，有良好的锚文本，对提升一些圈子页（频道页）的效果是异常明显的。

3. 缺少 Alt 文本

目前没有加 Img 标签的 Alt 文本。

4. Title 和 Meta 的一些细节问题

例如，圈子页的圈子名"国际足球"，目前该圈子名安排在 Title 的中间，并且 Title 过长，从 SEO 效果来说，并不是很好的设置方式，部署在非重要位置会影响 SEO 权值，具体见下方示意。

<title> 在线观看国际足球视频，并和圈友分享最新、最热视频——国际足球视频圈子 -*mm* 网站（*mm* 是虚拟的，实际是用 *mm* 替换了真实的网址）</title>

建议缩短 title，突出圈子名，将圈子名"国际足球"放在 title 最前面，提升该词汇的权重，修改如下。

<title> 国际足球 视频 -*mm* 网站 </title>

12.5.5　解决方案之一：URL 命名优化

前端、后端需要依赖参数来定位到分类页，因此，圈子分类页无法实现 http://www.*mm*.com/music 这 种 理 想 模 式，只能实现 http://www.*mm*.com/category/music 这种模式。因此，对应的分类页 Tag 页 URL：http://www.*mm*.com/category/music/ 吉他弹唱。

圈子页的 URL 优化：http://www.*mm*.com/circle/13853，因为大家认为 circle 比 quanzi 更通用一些，和后端数据库也匹配，对应 Tag 页：http://www.*mm*.com/circle/13853/ 吉他弹唱。

每类 URL 静态化后，需要做 301 处理。分类页 301 跳转请查看原始的 Cate ID 号，圈子页和个人页的 ID 号不变，注意规则的正确处理。

12.5.6　解决方案之二：圈子分类页

目前如下。

http://www.*mm*.com/circle/browse?cat=1。

优化结果如表 12-6 所示。

表12-6　圈子分类页URL优化

圈子（实质是主题分类页）	URL	序号
音乐MV	http://www.*mm*.com/category/music	1
动漫	http://www.*mm*.com/category/comic	2
教育	http://www.*mm*.com/ category/edu	4
原创	http://www.*mm*.com/category/dv	5
资讯	http://www.*mm*.com/category/news	6
电影	http://www.*mm*.com/category/movie	7

续表

圈子（实质是主题分类页）	URL	序号
时尚	http://www.*mm*.com/category/fashion	8
电视剧	http://www.*mm*.com/category/tv	9
游戏	http://www.*mm*.com/category/game	11
综艺	http://www.*mm*.com/category/variety	12
明星	http://www.*mm*.com/category/star	13
体育	http://www.*mm*.com/category/sports	14
生活	http://www.*mm*.com/category/life	15
汽车	http://www.*mm*.com/category/car	16
科技	http://www.*mm*.com/category/tech	17
创意	http://www.*mm*.com/category/creativity	18
搞笑	http://www.*mm*.com/category/fun	19
旅游	http://www.*mm*.com/category/travel	21
健康	http://www.*mm*.com/category/health	22
财经	http://www.*mm*.com/category/finance	23
军事	http://www.*mm*.com/category/military	24

Tag 页

目前：http://www.*mm*.com/browse?cat=1&tag= 吉他弹唱。

优化：http://www.*mm*.com/category/music/ 吉他弹唱。

圈子页

1. 目前：http://www.*mm*.com/circle?id=13853。

优化：http://www.*mm*.com/circle/13853。

2. Tag 页

目前：http://www.*mm*.com? /circle?id=13933& tag= 吉他弹唱。

优化：http://www.*mm*.com/circle/13853/ 吉他弹唱。

个人页

1. 目前：http://www.*mm*.com/user?id=1577902728。

优化：http://www.*mm*.com/user/1577902728。

2. 目前：http://www.*mm*.com/user?id=850271823&tab=0。

优化：http://www.*mm*.com/user/850271823/circles。

3. 目前：http://www.*mm*.com/user?id=850271823&tab=1。

优化：http://www.*mm*.com/user/850271823/videos。

播放页

可以把播放页 URL 修改如下。

http://www.*mm*.com/video/id_3d4cade78f982f1be2455062bf08b980.html。

http://www.*mm*.com/v/id_3d4cade78f982f1be2455062bf08b980.html。

把额外需要的参数通过 JS 加到这个 URL 后面。

http://www.*mm*.com/video/id_3d4cade78f982f1be2455062bf08b980.
html?playlist= circle <http://www.*mm*.com/video/id_3d4cade78f982f1be2455062bf08
b980.html?playlist=circle&circle=10076> &circle=10076，这样搜索引擎可以抓到基本
的播放页面，而我们自己站内跳转时，也可以得到相应的参数。

另外，关于圈内的 Tag 筛选，Tag 是形成大量长尾页面的基础，如果我们能把
Tag 当作单个页面来优化，就有可能吸引大量长尾流量，但是因为目前瀑布的模
式，Tag 页和圈子页的内容完全一样，实际依据 Tag 进行调整的内容几乎没有。因
此，就会存在大量的重复页面，没有发挥 Tag 挖掘长尾流量的机会。从 SEO 角度
来说，如果要利用 Tag，需要考虑让页面内容随着 Tag 呈现出变化。对 Tag 筛选页
也进行静态化处理，对应的 URL：http://www.*mm*.com/circle/13853/ 吉他弹唱，
也期望能吸引一部分流量。

12.5.7　解决方案之三：瀑布流静态化

首屏内容在 HTML 中静态保存，其中播放页的 URL 可以采用更新后不带参
数的形式，具体有两种方案。

方案一：判断 useragent，如果是蜘蛛程序，则返回 HTML 结果，否则按目前
AJAX 方式提供内容。

方案二：将首屏的结果静态化显示 在 HTML 中。滚动后的结果通过 JS 生成。
这样可保证蜘蛛程序能读取到前面网页的内容。

12.5.8　解决方案之四：增加 Sitemap（Feed）

百度提供的Sitemap协议与其他搜索引擎的类似，我们在生成首页和圈子页视
频推荐结果时，将其中的视频播放页URL制作成标准的Sitemap文件，用于指引百

度搜索引擎快速、全面地抓取或更新网站上的内容及处理错误信息。

一般来说，每个 Sitemap 文件建议控制在 5 万个网址以内，最好大小有所控制（百度建议 10MB 以内）。

在 Sitemap 的设置上，有几个通用的格式如下。

格式一：XML 模式。

XML 基本格式如下。

```
<?xml version="1.0"  encoding="UTF-8"?>
<urlset>
    <url>
    <loc>http://www.example.com/</loc>
    <lastmod>2017-06-01</lastmod>
    <changefreq>always</changefreq>
    <priority>1.0</priority>
  </url>
</urlset>
```

其中，changefreq 为更新频率，如果页面更新很频繁，需要认真设置该参数。priority 为页面权重，对引导蜘蛛的爬行具有帮助，对于重要页面，建议设置更高的权重。

格式二：文本格式。

在文本格式的设置上，一般是一行安排一个网址，逐行增加即可。可以先提供重要内容页面的网址，其他网址可以逐步提交。

在以上两种 Sitemap 格式文件中，网址均需提供完整，即包含"http"在内。

12.5.9 解决方案之五：其他细节

1. 优质外链

外链的优化重点是我们的圈子页。每个圈子页作为一个专题页，专题名称就是圈子名，锚文本中除了圈子名以外，圈子页中所挖掘出来的热门 Tag 通常也是热搜词汇，可以考虑放置在锚文本中使用。

另外，圈子页的锚文本以及所在的上下文中，也可以考虑在查询日志中挖掘出的热搜词汇，用于匹配用户查询词。

2. Alt 文本

Img 在 *mm* 网站中经常出现，包括圈子缩略图、视频缩略图等。图片的 Alt 文本可以考虑使用视频 Title 或者圈子页的 Tag 等来进行填充。

这样在网速较慢、图片不能显示时，可以让用户明白图片要传达的信息，也能让搜索引擎了解图片的内容。同理，使用图片做导航时，也可以使用 Alt 注释，用 Alt 告诉搜索引擎所指向的网页内容。

3. Title 和 Meta 文本

Meta description 是对网页内容的精练概括。如果 description 描述与网页内容相符，百度会把 description 当作摘要的选择目标之一，一个好的 description 会帮助用户更方便地从搜索结果中判断网页内容是否和需求相符。我们目前所有圈子页的 Meta 描述几乎是完全相同的，和圈子页内视频的内容没有直接关系。

如果希望内容更相关，可以考虑引入一些圈内相关的内容，放置在 Meta 中，提供给搜索摘要使用。

12.6　案例 6：移动 App 推广的 SEO 思路

vv 是一款社交 App，如果希望通过 SEO 的方法检查 App 推广流程存在的问题，判断是否有改善的空间，分析过程如下。

12.6.1　优化思路

优化思路需考虑传统网页搜索、移动应用市场搜索两个领域，如表 12-7 所示。

表12-7　搜索领域两个主要示例

搜索领域	举例	备注
传统网页搜索	百度网页搜索	网页搜索结果会部分调用应用市场的结果，应该是调用开放平台的数据
移动应用市场搜索	百度应用搜索、360手机助手等	部分应用市场的搜索结果有竞价

可能被搜索到的核心词汇如表 12-8 所示。

表12-8 可能被搜索到的核心词汇

传统网页搜索相关词汇	应用市场搜索相关词汇	其余常见长尾匹配
手机 聊天 软件	手机 聊天 软件	最新
手机 社交 软件	手机 社交 软件	最流行
手机 聊天App	手机 聊天App	下载量最大
手机 短信 软件	手机 短信 软件	可赚钱
手机 社交App	社交App	好玩

12.6.2 调研分析和发现的问题及建议

（1）搜索"手机 聊天"相关词汇，将会出现微信等应用。要竞争这个词汇，可能需要进一步了解应用市场展现的要求，看看能否把 *vv* 加入这个阵营。同时，到百度知道里面补上相关介绍，引导用户下载 *vv*，如图 12-8 所示。

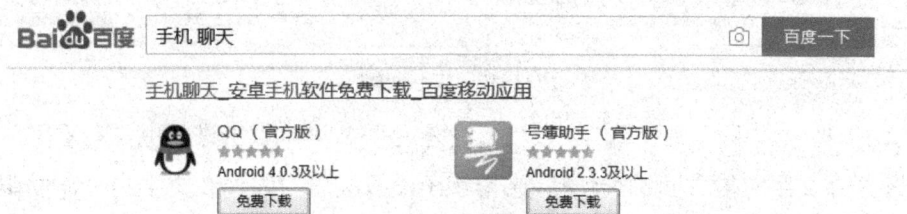

图12-8 应用搜索1

（2）搜索"手机 短信 软件"，*vv* 短信也没有出现，建议跟进开放平台展现，因为从下载量来说，*vv* 短信的应该是最大的，但是却没有下载量，可能是人工干预或者开放平台的缘故。具体如图 12-9 和图 12-10 所示。

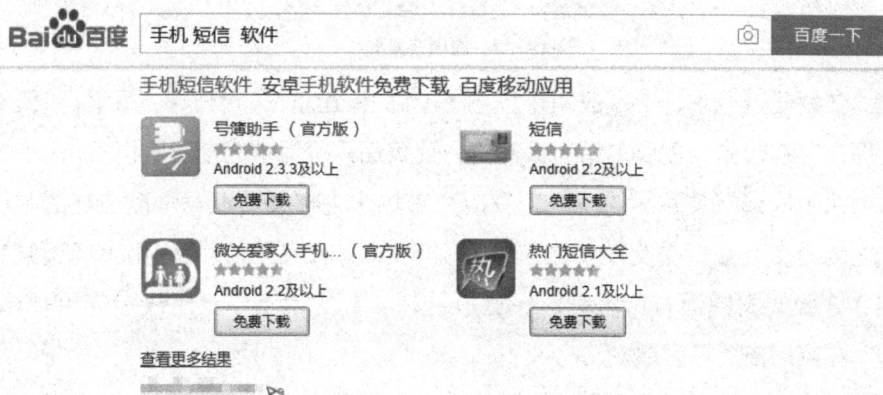

图12-9 应用搜索2

图12-10　应用搜索3

（3）搜索"手机 社交"，小方块端没有展示 *vv*，点击进去也没有看到，可能 *vv* 在文字宣传方面，"社交"这个字眼没有被着力强调在文字中，需要调整文字，如图 12-11 所示。

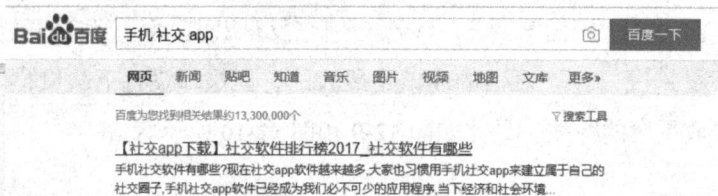

图12-11　应用搜索4

（4）在调研过程中，发现应用市场中 *vv* 的评论里面，有一些负面评价没有及时处理，影响转化，建议多用积极评价，让负面评价保持在前 3 页以后。

（5）从不同词汇搜索结果来看，在应用市场中，相关词汇竞争度最热的是聊天，次之为社交，最后是交友。建议依据下载量对比，在不同的应用市场调整宣传的文字，强调关键词有所区别。在竞争特别激烈的市场中，建议多使用长尾，使其出现在应用描述等区域。

为了对比不同词汇的搜索结果，我们分别在网页搜索界面和移动市场界面进行搜索，从搜索量和下载量对比一下不同词汇的竞争热度。

网页搜索："手机 聊天"，结果如图 12-12 所示。

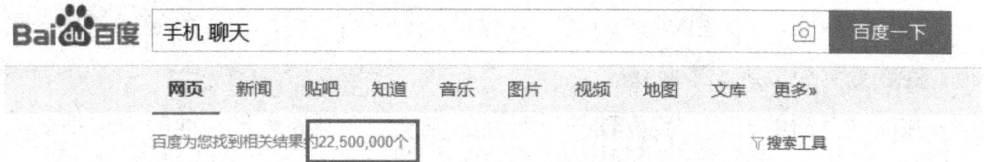

图12-12 "手机 聊天"匹配词

应用市场搜索："手机 聊天"，结果如图 12-13 所示。

图12-13 "手机 聊天"应用下载量

网页搜索："手机 社交"，结果如图 12-14 所示。

应用市场搜索："手机 社交"，搜索结果如图 12-15 所示。

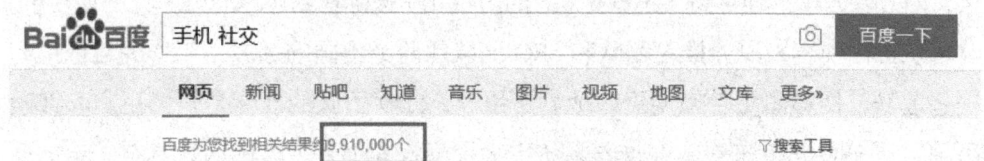

图12-14 "手机 社交"网页搜索

图12-15 "手机 社交"应用市场搜索

12.7　案例 7：搜索和推荐的矛盾

RR 网站是一个超大门户网站，网站的流量一直停滞不涨，好像遇到了天花板，SEO 效果貌似进入了瓶颈。

在网站调研的时候，我发现一个奇怪的现象，网站 6 个月之前的内容排名都非常差。是什么原因导致历史的内容排名很差呢？从 SEO 角度考虑，6 个月之前的内容排名很差可能有多种原因。

- 6 个月前的内容质量很差。
- 6 个月之前的内容没有得到 SEO 资源的支持。

抽样 6 个月前内容质量较好的文章和竞争门户对应内容进行比较，从内容上看，并没有发现明显的差距，因此判断 6 个月之前的内容可能是没有得到很好的支持。

顺着这个思路考虑，很快就发现问题症结所在：站内所有 6 个月之前的内容在网站上都没有得到关键页面锚文本的支持。

我们知道，在门户网站的内容设计上，会考虑很多互相引荐的功能，目的是让访客能不断提升 PV/IP 的比例，降低跳失率。在分析 *RR* 网站的时候，发现一个问题，*RR* 内容页面上的推荐内容几乎没有超过 6 个月的，原因是做推荐的时候，时效性的权重异常高，超过 6 个月的内容几乎被降权到可以忽略不计的地步了。

从工作内容来说，推荐团队和 SEO 团队是两个不同的领域，工作的目标也有一些差异，推荐团队希望能更好地满足用户，SEO 团队的目标是兼顾用户和搜索引擎。从 SEO 角度来看，在推荐系统中大大降权 6 个月之前的内容具有一定的理性考虑，但是并不是特别合适，因为很多历史内容，比如时效性没有那么高的一些知识型的内容或者经过编辑精心准备的内容，从 SEO 角度来说很重要，但是被推荐团队"技术性地隐藏"了，从 SEO 角度来说，这些内容没有持续的内链锚文本支持是非常吃亏的，因此，在和竞争对手的竞争中，不断落入弱势。

解决方案就是和推荐团队一起讨论，重新调整推荐算法中的页面相关性、时效性、用户行为等参数的权重，针对不同的内容有不同的算法，一些知识性或者时效性没有那么高的内容并不会受到时效性调整的影响。

顺着这个思路调整，门户页面的推荐内容是不断变化的，这也意味着网页的关键词密度等可能会不断变化，如何能确保网站关键词的密度保持一定范围的稳定性对 SEO 的稳定非常关键，需要和推荐团队不断努力。

12.8　案例 8：公司型小网站的 SEO 思路

UU 网站是一个月子公司的网站，网站建立起来了，希望进行第一轮 SEO。其实，相对于门户网站来说，小的企业网站更是需要精细优化，也更需要费心。

网站分析和优化的一些思路如下。

（1）在底部增加整站锚文本模块：月子中心、月子服务、母婴护理、月子护理、月子餐、月子会所。

（2）每个关键词指定 URL 到特定页面，能提高这些关键词的排名。关键词可以按照需要适当增加。

（3）整站的文字较少，建议在不同的页面增加文字，并合理出现关键词。

（4）建议和别的网站进行友情链接，友情链接使用关键词作为锚文本文字。

（5）整站 URL 过长，建议最多只保留 3 级结构，如下所示。

- 首页：http://www.*UU*.com。
- 频道页：http://www.*UU*.com/carebay/index.html。
- 频道页下面的页面：http://www.*UU*.com/carebay/fuwu.html。

（6）优化 Meta 设置。

接下来讲解优化的详细步骤。

1. 首页优化

首页如下。

http://www.*UU*.com。

<title> 专业月子服务 -*UU* 国际月子会所提供中国高端母婴专护服务 </title>

<meta name="description" content="*UU* 国际月子会所是中国高端母婴专护服务品牌，提供专业的月子服务，包括健康、护理、母婴保健、营养、产后形体修复、心理疏导等 24 小时贴心照护服务 "/>

<meta name="keywords" content=" 月子服务，母婴护理，产后体形修复，营养，高端月子会所 "/>

2. 各频道页面优化

（1）http://www.*UU*.com/carebay/yuezi/index.php/index/aboutus。

<title> 国际月子会所介绍 -*UU* 国际月子会所 </title>

<meta name="description" content="*UU* 国际月子会所是中国高端母婴专护服务品牌，提供专业的月子服务，配套完善，在行业内独创"1 + N 对 1"月子母婴服务模式 "/>

<meta name="keywords" content=" 月子服务，母婴护理，产后体形修复，营养，高端月子会所 "/>

（2）http://www.*UU*.com/carebay/yuezi/index.php/index/zyfw。

<title> 月子会所地理环境 -*UU* 国际月子会所 </title>

<meta name="description" content="UU 国际月子会所环境雅致，出行便捷，配备豪华套房，房内配备专业、完善的母婴护理用品、喂养器具、母婴衣物、洗漱用具等。" />

<meta name="keywords" content=" 月子会所位置，月子会所环境，月子会所护理用品，*UU* 月子会所环境 "/>

（3）http://www.*UU*.com/carebay/yuezi/index.php/index/fuwu。

<title> 国际月子会所"1 + N 对 1"服务模式介绍 *UU* 国际月子会所 </title>

<meta name="description" content="*UU* 国际月子会所在行业内独创"1 + N 对 1"月子母婴服务模式，由专业母婴专护师，会同具备丰富临床经验的妇、产、儿、心理、营养、保健等学科专家和资深护理人员组成的专家团队，共同为母婴提供贴身照护。"/>

<meta name="keywords" content="1 + N 对 1，月子服务，母婴护理，产后体形修复，营养，高端月子会所 " />

（4）http://www.*UU*.com/carebay/yuezi/index.php/index/shanshi。

<title> 月子营养膳食介绍 -*UU* 国际月子会所 </title>

<meta name="description" content="*UU* 国际月子会所月子营养膳食服务按照产妇生理恢复周期，以及不同阶段的调理需求，量身定制而成，让妈妈得以更快、更好地恢复和宝宝更好得到最好的营养照顾。"/>

<meta name="keywords" content=" 月子餐，月子膳食，产后营养，产妇营养，

婴儿膳食 "/>

（5）http://www.*UU*.com/carebay/yuezi/index.php/index/zhuanjia。

<title> 月子专家团队介绍 -*UU* 国际月子会所 </title>

<meta name="description" content="*UU* 国际月子会所是中国高端母婴专护服务品牌，由月子专家团队为母婴提供专业的月子服务，包括月子餐、母婴护理等。"/>

<meta name="keywords" content=" 月子专家，母婴护理，产后体形修复，营养，高端月子会所 "/>

（6）http://www.*UU*.com/carebay/yuezi/index.php/index/yuezi。

<title> 月子服务 -*UU* 国际月子会所 </title>

<meta name="description" content="*UU* 国际月子会所是中国高端母婴专护服务品牌，提供专业的月子入住生活增值服务，包括育儿专家讲座、母婴乐购、精美礼品、满月酒、百日宴等服务，高贵温馨；出所后，可享受经过专业培训的母婴专护师上门住家等延伸服务，让母婴在家也能享受专业照护。" />

<meta name="keywords" content=" 月子服务，育儿讲座，白日宴，营养膳食，月子餐 "/>

（7）http://www.*UU*.com/carebay/yuezi/index.php/index/tllship。

<title> 北京月子会所 -*UU* 国际月子会所 </title>

<meta name="description" content="*UU* 国际（北京）月子会所即将开业。" />

<meta name="keywords" content=" 北京月子会所，*UU* 国际月子会所，*UU* 北京月子会所 " />

（8）http://www.*UU*.com/carebay/yuezi/index.php/index/tllship/17。

<title> 静安月子会所 -*UU* 国际月子会所 </title>

<meta name="description" content="*UU* 国际（浦东）月子会所地处陆家嘴板块，毗邻 "城市绿肺" 世纪公园，独栋庭院包围于桃林公园之中，闹中取静，清新惬意，优雅舒适，居住环境低调奢华，高档完善的设备一应俱全。" />

<meta name="keywords" content=" 静安月子会所，*UU* 国际月子会所，*UU* 静安月子会所 " />

（9）http://www.*UU*.com/carebay/yuezi/index.php/index/tllship/11。

<title> 浦东月子会所 -*UU* 国际月子会所 </title>

<meta name="description" content="*UU* 国际月子会所浦东月子会所提供专业的月子服务，配套完善，在行业内独创"1 ＋ N 对 1"月子母婴服务模式 "/>

<meta name="keywords" content=" 浦东月子会所，*UU* 国际月子会所，*UU* 浦东月子会所 " />

（10）http://www.*UU*.com/carebay/yuezi/index.php/index/zxzx。

<title> 月子会所最新资讯 -*UU* 国际月子会所 </title>

<meta name="description" content="*UU* 国际月子会所资讯频道提供会所相关新闻和妈妈养生课堂等相关信息。" />

<meta name="keywords" content=" 月子会所新闻，*UU* 国际月子会所资讯 " />

（11）http://www.UU.com/carebay/yuezi/index.php/index/xyxy。

<title> 星妈日志 -*UU* 国际月子会所 </title>

<meta name="description" content="*UU* 国际月子会所是中国高端母婴专护服务品牌，看看星妈留下的珍贵日志。" />

<meta name="keywords" content=" 星妈日志，*UU*，月子中心 "/>

（12）http://www.*UU*.com/carebay/yuezi/index.php/index/mamishalong。

<title> 妈咪沙龙 -*UU* 国际月子会所 </title>

<meta name="description" content=" 参加 *UU* 妈咪沙龙，和更多妈咪一起讨论交流哺育、育儿等话题 "/>

<meta name="keywords" content=" 妈咪沙龙，哺育，育儿交流 "/>

12.9　案例 9：SEO 如何客观应对外部的评价体系

TT 网站是一个大型的门户网站的子网站，负责特定的业务 XX，从各方面来说，*TT* 网站认为 XX 方面的业务自己远超竞争对手 *DD* 网站，但是，从权威的某 *BB* 互联网资讯发布平台的数据来看，*TT* 网站反而比 *DD* 网站要落后，比如收录的网页数量、网页的流量估算等。

TT 网站负责人让 SEO 专业人员一起去和 *BB* 网站开会确认问题所在。

SEO 人员去之前，整理了一份自己的网站域名和 URL 规则表，到 *BB* 网站后，SEO 人员希望 *BB* 网站提供一下他们分析 *TT* 网站的数据依据，即 *BB*

网站是依据什么域名、什么 URL 规则来监控 *TT* 网站数据的。

　　BB 网站让技术人员把 SEO 需要的数据输出来，SEO 人员立即发现了问题，*BB* 网站少计算了很多域名和 URL。

　　原来 *TT* 网站的域名结构如下。

xx.abc.com【*TT* 网站的 XX 业务的总部网站】

xx.bj.*abc*.com【*TT* 网站的 XX 业务的北京网站】

xx.sh.*abc*.com【*TT* 网站的 XX 业务的上海网站】

xx.gz.*abc*.com【*TT* 网站的 XX 业务的广州网站】

…………

　　在全国，XX 业务一共有 30 多个业务分网站，上千人维护这些网站，而 *BB* 网站在统计的时候，只统计了 xx.*abc*.com 域名的数据！

　　竞争对手的域名结构如下。

xx.*bcd*.com【BB 网站的 XX 业务的总部网站】

bj.xx.*bcd*.com【BB 网站的 XX 业务的北京网站】

sh.xx.*bcd*.com【BB 网站的 XX 业务的上海网站】

gz.xx.*bcd*.com【BB 网站的 XX 业务的广州网站】

…………

　　BB 网站在统计 *DD* 网站的 XX 业务的时候，统计的是 xx.*bcd*.com。从域名的设置方面来说，统计了 xx.*bcd*.com，实际已经包括了 bj.xx.*bcd*.com、sh.xx.*bcd*.com 等域名，因此，包括收录等数据，*BB* 网站对 *DD* 网站的统计是正确的！

　　问题就出在这里，对于 XX 业务，*BB* 网站对 *TT* 网站只统计了总部网站的数据，而对 *DD* 网站统计了全部数据，因此出现 *DD* 网站数据远远大于 *TT* 网站的奇怪现象。

　　这个案例说明，SEO 遇到外部的一些网站公布数据的时候，一定要保持镇静，不管是好的消息，还是坏的消息，理性看待外部评估结果，如果遇到这类明显有异常的外部统计结果，尽量找到结果发布方，沟通对方是否完全按照实际情况进行了统计，确认数据的统计范围等是否正确。因为作为互联网公司，流量是命脉，是吸引投资、估值的重要参考，如果外部投资方完全信赖外部的数据，在公司层面是非常麻烦的，作为专业的 SEO 人员，有责任去做类似的确认工作。

12.10　案例 10：非内容型网站如何进行 SEO——以互联网金融类行业为例

一般来说，我们在讨论网站优化的时候，都是基于网页和内容的，因为 SEO 的根本目的是通过对内容和网页标题等要素的系统优化，可以在外部搜索引擎中获得更好的排名。然而，现实情况是很多网站并不能产生很多内容，公司的主营并不是内容生产，因此，不可能招聘很多编辑每天进行内容撰写或者编纂，比如互联网金融类公司。

12.10.1　非内容型网站的劣势

1. 没有内容优势

互联网金融公司，我们熟悉的包括第三方支付、网络众筹、P2P 网贷公司等。这类公司的主营业务和传统的内容型互联网公司差异非常大，甚至没有任何编辑进行网站内容的生产，对 SEO 产生了极大的挑战。

2. 监管限制推广

目前互联网金融公司应该说是最急需 SEO 人员的行业，为了获客，大部分的互联网金融公司都采用线上直接进行付费推广模式，付费推广模式主要有几个方面：传统的互联网搜索，如百度搜索；其他网盟推广；应用市场推广 App 等。在推广成本上，获客成本越来越高成为行业的通病，但是又不得不为之，平均 5 万元的借贷需求，需要通过 5 000 元～ 10 000 元的获客成本才能达成。一方面，获客成本或者获取资金的成本越来越高；另一方面，传统金融业逐渐渗透到不同的领域，融资需求主体对借款资金成本的忍受能力逐渐下降。如何在资金端和资产端取得平衡，需要两方面都做出努力。从资金端来说，很多网贷平台希望通过嫁接传统金融机构、引入低成本资金来应对客户的期望；从资产端来说，必须逐渐降低获客成本，而通过传统的付费模式，目前几乎没有任何可能！更可怕的是在配合监管的要求下，重要的大型搜索通道甚至根本就不开放付费通道！

提示：能否引入低成本的 SEO 流量来大大降低资产端获客成本，成为互联网金融平台能否获胜的关键。必须意识到，要在互联网金融公司部署大量网络内容生产者（如作家）是不现实的，金融行业最考究的是性价比和短、平、快。

12.10.2　SEO 对哪些公司帮助巨大

某网贷平台 A 公司，隶属于传统金融集团公司。A 公司通过集团内部资源，在资产端逐渐做大，但是，如何获取资金，对接线上理财产品，成为 A 公司平台发展的关键。如果不能低成本地引入资金，对接到线上资产，那么资产端做得再大，也无法形成盈利同步。A 公司虽然属于传统金融公司名下，但是，公司内部资源里，并无可以合作的便宜资金途径，因此，如何通过线上获取低成本资金是公司的一个发展难题。在获取资金方面，通过什么合适的方式，将资金对接进来，是市场部门 SEO 人员的一个困难的课题。如果能攻克，对公司的价值非常大，成本的降低会直接体现在公司利润表上。

某网贷平台 B 公司，属于新锐型网贷公司，公司成立不到两年，已经排名在网贷之家前 100 名内，风头很劲。因为 B 公司没有传统金融资源的关照，需要自己在资产端进行艰辛获客。在网贷监管细则出台后，原来设置于线下的获客门店逐一关闭，大部分获客转向互联网。

相较于传统门店，互联网获客不需要支付房租、水电等费用，但是，需要支付每单击一次就几元钱甚至十几元钱的成本。公司面临如何从传统的获客到适应互联网获客这个挑战。如果没有采用 SEM 付费模式，获客可能面临锐减；如果采用 SEM 模式，广告投放等并不熟练，也没有把握。但是，能否通过 SEO 模式呢？最大的问题是一直以来公司的网站只有首页、投资列表页等，没有内容怎么对 SEO 进行优化？即使将所有的页面都部署上合理的关键词，并且都做到极致，能产生流量的关键词还是屈指可数的。

类似的互联网金融公司，还有 C 公司、D 公司、E 公司等。目前网贷之家列入统计的几千家企业都面临同样的困难：资产端获客成本高，资金端获客成本高，资产端和资金端获客成本都高。

那么，互联网金融是否可以通过 SEO 方式来突围或者部分突围，是值得任何互联网金融公司思考的问题。如果互联网金融公司考虑通过 SEO 方式来部分解决问题，难点在哪？如下。

（1）网站内容少，SEO 的优化无立足的足够土壤。

（2）互联网金融公司熟悉或者精通 SEO 的专业人才缺乏。

（3）互联网公司对效果的即时期待和 SEO 的慢、稳效果存在期望差距。

那么，针对以上难点是否有解决的思路呢？

12.10.3　从 SEO 的角度进行优化

在 SEO 建议上，分为如下几个方面。

1. 针对内容少，建议引入相关新闻

目前通过合作，A 平台达成了一项内容引入的方案。具体思路是从外部某新闻网站每日导入 N 条行业相关新闻，希望通过引入内容的方式，快速在平台制作内容。这种方式的好处是无需铺设编辑团队，就能生成行业最新的新闻信息，对平台的形象有极好的正向作用。同时，内容导入后，可以基于内容本身进行 SEO 工作，SEO 就不是无根之水了。然而，作为专业的 SEO 人员，我们必须意识到，这种做法有一个很大的风险，如果不能很好地处理，可能会对网站造成极大的伤害。这个危险就是内容的同质性。

提示：任何通过接口方式提供内容的外部方，肯定不会只将新闻售卖给单一平台，这就意味着 A 平台上每日接入的新闻同时也在外部很多个平台每日同步上线发布。SEO 或者搜索引擎最忌讳的就是内容的复制或者抄袭，因为这和搜索引擎引导的原创原则是相冲突的。严重情况下，如果被搜索引擎判断为作弊，可能整个网站会被屏蔽掉。

那么如何解决这个问题呢？如果因为解决无内容的问题，而导致网站整体被屏蔽，是得不偿失的事情。在这里，遵循原创性原则，有几个思路可以作为参考。

注明信息来源，声明新闻的来源，至少不会对网站的整体造成致命危害。

整体新闻频道屏蔽掉 (技术可以参考在 Robots 文件指定路径 deny)。这样 SEO 的效果就完全消失了，因为搜索引擎抓不到，就不会有任何 SEO 的效果，完全从市场或者品牌效率来考虑新闻的作用了。

2. 自发生产相关内容

B 网站坚持自力更生原则，自己进行内容生产，主要是在互联网金融的主体下，做了一系列传统 SEO 或者 IT 人员熟悉的方案。

建立自己的社区系统。通过社区来沉淀内容，通过所沉淀的内容来做 SEO。

建立不同区域的子网站系统。在核心主站外，设立了 N 个城市分站，每个城市分站担负起城市名 + 借贷、城市名 + 理财等大量长尾行业搜索词的 SEO 重任。

每个城市网站通过对接外部系统内容 (接口接入或者外部直接爬行等方式获得)，构建了更多的关键词，SEO 人员建立了一个庞大的行业关键词列表，按需进行内容发布和优化。

效果如何呢？目前 B 站通过自己的勤勉努力和优化，也达到了一定的效果，但是这类优化方式是否能被搜索引擎持续优待，拭目以待吧！

3.实操阶段 1：考虑需要吸引的人群及相关词汇

以 P2P 为例，需要吸引的人群包括需要借款的客户和需要理财的客户。从借款角度出发，可以围绕资产端产品进行有针对性的优化。

比如，房产抵押产品可以使用到的相关词汇如下。

房产抵押借款、房贷、抵押房子借款、房抵贷、首付贷、尾款贷、过桥贷、押房贷等。

比如，装修借款产品可以使用到的相关词汇如下。

装修贷、装修贷款、装修借款、家装贷款、家装贷等。

诸如此类，可以对产品进行一个细分，将所有涉及公司资产端产品的相关词汇都整理出来，进行系统性的管理和部署。

在借款端产品的 SEO 词汇整理的时候，需要考虑到，有些词汇不是与直接借款产品相关的，但是可以通过引导，将客户以潜移默化的方式转化过来，比如下面的词汇。

借款计算器、哪些借款产品比较有意思、哪些借款产品比较灵活等。

理财端客户相关的词汇主要考虑不同层次客户的转化，比如直接命中理财的相关词汇，可能比较适合对 P2P 比较熟悉的客户，此类相关词汇如 P2P 理财、P2P 投资、理财产品、互联网理财、互联网借贷、互联网投资、P2P 投资品等。

提示：对于某些特定偏好，非 P2P 的专属理财客户，但是通过一些合适的词汇锁定后，可能会转化为 P2P 的理财用户，如短期理财产品、7 天理财产品、活期理财、红包理财等。

4.实操阶段 2：将关键词进行合理部署

在对 SEO 关键词进行系统梳理后，需要考虑的是如何将这些词汇进行合理优化。在优化的落地上，建议将核心的借款产品放到专门产品的页面作为主推广，其他的辅助类词汇设置到社区或者论坛等页面中。这意味着还是需要在扁平化的常见 P2P

理财平台上增加一些内容的板块，这些板块可以通过新闻、社区等形式表现内容。

实际上，很多 P2P 平台不自己架设内容板块，除了常见的追求短、平、快金融效率，以及追求 SEM 付费效果外，还有隐藏的一些原因，如担心用户汇聚的论坛，资产端可能会比较价格，实际很多借款产品落地的时候，会借助平台外其他第三方进行推广，不同渠道的定价可能会有所差异，如果同一款产品下的借款用户借助这个平台进行了信息互通，可能会对 P2P 产生一些质疑，从这个方面考虑，平台并不主动创造环境让借款用户进行沟通。

在理财端，投资用户的汇聚必然导致用户对不同投资产品的讨论，同时，如果平台某个时间点突发一些状况，如第三方支付超负荷突然临时无法兑付，在投资端客户集中的情况下，可能会瞬间引起恐慌。

因此，很多 P2P 平台通过 QQ、微信等进行单点传递和服务，对建立社区等存在一定的犹豫。如果社区等方向的内容落地存在困难，比如会选择到新闻领域进行内容落地，但是，互联网金融平台本身并不擅长新闻的生产，因为生产需要投入人力进行撰写、编辑，如何说服公司进行投资，对 SEO 来说是非常大的挑战。